MANFRED SEEGERS

BUDDHISTISCHE GRUNDBEGRIFFE

JOY VERLAG

Zum Autor:
Manfred Seegers ist nach Abschluß eines fünfjährigen buddhistischen
Studiums unter Khenpo Lama Thubten autorisierter Dharmalehrer. Er
studiert und lehrt an der buddhistischen Universität „Karmapa Inter-
national Buddhist Institute" in New Delhi, Indien. Im Auftrage von S.E.
Künzig Shamar Rinpoche und Lama Ole Nydahl hält er Vorträge und
Seminare in vielen europäischen Ländern.

2. Auflage 1995
© 1993 by Joy Verlag GmbH, Sulzberg

Gesamtgestaltung & Satz: Mathias Weitbrecht, Sulzberg
Druck: Wilhelm Uhl, Grönenbach
Bindung: Franz Kraus, Kempten

ISBN 3-928554-06-9

INHALT

VORWORT
VON LAMA OLE NYDAHL

Wenn wir den tibetischen Buddhismus mit anderen Religionen vergleichen, dann wird sofort klar, daß Buddhismus keine Frage von Glauben ist, sondern von Erfahrung. Keine Handlung wird zum Ruhm des Buddha getan, sondern um unseren eigenen Geist zu entwickeln. Die schönen Tempel rund um die Welt sind nützlich, um sich zu begegnen und um zu lernen, aber der wirkliche Tempel, der errichtet werden muß, ist unser eigener Geist. Das Anwachsen unserer inneren Kraft auf dem Weg wird auch von anderen bemerkt, und wir entdecken die Fähigkeit, mehr und mehr Wesen nutzen zu können. Mit wachsender Freude entwickeln wir ein ganz natürliches Vertrauen. Der Geist ist ja in seinem Wesen raumähnlich, klar und unbegrenzt, und wie könnte man sich mit dem Wissen, daß der Ausdruck dieser Qualitäten Furchtlosigkeit, Freude und Mitgefühl ist, anders verhalten?

Die Hindernisse, die uns von der Fülle dieser Erfahrung fernhalten, sind Gewohnheiten und steife Ideen, und jede buddhistische Praxis hat zum Ziel, diese begrenzenden Einflüsse aufzulösen. Lehren ohne Dogmen, Meditation und bewußtes Verhalten mit Körper, Rede und Geist sind Buddhas Mittel, um die eine Erkenntnis zu erreichen, daß unser Geist immer und überall zeitloses klares Licht ist.

Die Tatsache, daß wir unsere Zukunft hier und jetzt selbst

erschaffen, macht alles in unserem Leben zu einem Schritt auf dem Weg. Dann wird alles Angenehme zu einem Geschenk für andere, zu einem Überschuß, den man mit anderen teilt, und alles Schwierige wird zu einer Belehrung und Reinigung. Das Ergebnis ist jene Reife und Selbstverständlichkeit, die das wahre Ziel von Buddhas Lehre sind. Man kann einen guten Kuchen so oder so teilen, und er bleibt dabei gut. Daß in diesem Buch soviel nach Punkten und Klassen aufgelistet wird, darf den Leser nicht einschüchtern. Es sind keine Glaubenssysteme, die wir anzunehmen haben, sondern eine auf Erfahrung aufbauende Weise, sich den meistmöglichen Stoff anzueignen. Bitte laßt Euch davon nicht entmutigen. Die einzige Prüfung bei Buddhas Lehre ist, ob wir fähig werden, besser zu leben, zu sterben und zum Besten anderer wiedergeboren zu werden.

Viel Glück dabei, Eure Hannah und Ole

EINLEITUNG

Diese Zusammenstellung der wichtigsten, grundlegenden Belehrungen im Buddhismus ist dem dreimaligen Drehen des Dharmarades zugeordnet, den drei aufeinander aufbauenden Ebenen von Belehrungen, die der historische Buddha Shakyamuni für das ganze ihm folgende Zeitalter gegeben hat. Die unmittelbare Quelle für diese Dharmabegriffe und Definitionen ist der „Schatz des Wissens" von Jamgön Kongtrul Lodrö Thaye (siehe Abbildung oben).

Als einer der größten Meister des tibetischen Buddhismus, der von 1813 bis 1899 lebte und schon vom Buddha prophezeiht worden war, sammelte und verfaßte er insgesamt fünf große „Schätze" von Belehrungen des Buddha, unter denen der „Schatz des Wissens" eine Art Enzyklopädie des Dharma bildet. In insgesamt zehn Büchern mit jeweils vier Haupt- und vielen Unterkapiteln wird hier eine zusammenfassende Überschau über alle wichtigen buddhistischen Belehrungen gegeben. Dieser „Schatz" bildet den philosophischen Hintergrund für viele Themen, die bis heute von den tibetischen Lamas, insbesondere der Kagyü -Tradition des tibetischen Buddhismus, gelehrt werden.

Da aber bis jetzt nur einige Kapitel dieses monumentalen Werkes in westliche Sprachen übersetzt sind, war es eine besondere Freude, die wichtigsten Begriffe direkt aus dem Orginaltext in tibetischer Sprache mit den beiden hochgelehrten Lehrern Khenpo Tsültrim Gyamtso Rinpoche und

Khenpo Chödrak Thenphel Rinpoche studieren zu können. Dies geschah in den Jahren 1990 bis 1992 am „Karmapa International Buddhist Institute" in Delhi, Indien.

Darüber hinaus wurde diese Zusammenstellung durch die Belehrungen von folgenden Rinpoches (tibetischer Ehrentitel für bewußt wiedergeborene und hochrangige Lamas) und Lamas vervollständigt: S.E. Shamar Rinpoche, S.E. Tai Situ Rinpoche, Ehrw. Tenga Rinpoche, Ehrw. Dz. Pönlop Rinpoche, Lama Gendün Rinpoche, Kempo Lama Thubten sowie Lama Ole Nydahl.

Allgemein gibt es drei Möglichkeiten, wie grundlegende Dharmabegriffe erklärt werden können:
• Die kürzeste Form findet man in Glossaren der verschiedenen Dharmabücher. Es ist nur eine Übersetzung oder sehr kurze Definition des Begriffes.
• Die längste Form ist ein Vortrag oder ein ganzes Buch über einen einzigen Begriff, der in allen Einzelheiten erklärt wird.
• Die mittlere Form wird in der vorliegenden Zusammenstellung benutzt. Hierbei wird sowohl die volle Bedeutung eines einzelnen Begriffes in möglichst kurzer Form erklärt, als auch die vielfältige Anwendung, das heißt die Beziehung zu den verschiedenen Ebenen von Buddhas Belehrungen.

Man findet zwar viele der Begriffe auch in buddhistischen Wörterbüchern, aber die Zuordnung zu den verschiedenen Ebenen der Belehrungen bleibt meistens unklar. Diese Lücke zu füllen erscheint besonders bedeutsam, weil daraus sowohl für den allgemeinen, am Buddhismus interessierten Leser, der eine Verbindung zwischen den einzelnen Begriffen herstellen möchte, als auch für Dharmapraktizierende, die ein solides Fundament für ihre Praxis brauchen, ein großer Nutzen entstehen kann. Dies ist ganz speziell mein Wunsch. Je nach Interesse kann man sich daher auf einen Begriff oder auf wenige Begriffe konzentrieren, oder man liest das Buch im Zusammenhang und gewinnt dabei eine größere Übersicht über Buddhas Lehre.

Bei allen Übersetzungen aus dem Tibetischen muß man sich darüber im klaren sein, daß die Tiefe und Weite der Bedeutung immer eingeschränkt wird. Ein tibetischer Begriff, der unter Umständen viele Assoziationen mit sich trägt, wird durch Übersetzung meistens auf eine oder wenige Bedeutungen reduziert. Daher habe ich so weitgehend wie möglich vom Sinn her übersetzt und dabei viele schon geprägte Dharmabegriffe benutzt. Da wir uns aber noch im Anfangsstadium des Buddhismus im Westen befinden, hat noch keine wirkliche Standardisierung der Ausdrücke stattgefunden. Auf diesem Gebiet werden wir uns sicher in den nächsten Jahren noch sehr viel weiterentwickeln. Für alle eventuell in dieser Bearbeitung auftretenden Fehler übernehme ich die volle Verantwortung.

Schließlich möchte ich mich bei all meinen Lehrern für die ständige Inspiration bedanken, insbesondere bei S.E. Jamgön Kongtrul Rinpoche, der noch kurz vor seinem Tod seinen Segen zu dieser Arbeit gegeben hat. Weiterhin wäre dieses Buch niemals ohne die ständige Unterstützung meiner Frau Bärbel und all meiner Freunde entstanden. Möge es dazu verhelfen, letztendliche Weisheit zu verwirklichen.

Hamburg, den 8. Juli 1993
Manfred Segers

BUDDHISTISCHE
GRUNDBEGRIFFE

1.

BUDDHA, DHARMA, SANGHA
– DIE DREI JUWELEN

Buddha *stammt von der Sanskritwurzel „bodhi – erwacht"* *ab*, erwacht vom Schlaf der Unwissenheit. Im Tibetischen heißt Buddha „sang gyä", wobei „sang" gereinigt oder erwacht und „gyä" entfaltet oder aufgeblüht bedeutet. Dies bezieht sich auf die Reinigung aller Schleier und die Entfaltung aller innewohnenden Qualitäten.

Gereinigt sind die drei Arten von Schleiern:
1. die Schleier der störenden Gefühle und der negativen Handlungen;
2. die Schleier des Wissens, d.h. der falschen Vorstellungen und Konzepte, besonders in Bezug auf die Wahrnehmung;
3. die subtilen Schleier der Gewohnheitstendenzen.

Entfaltet ist die ursprüngliche Weisheit, die Weisheit, die entsteht, wenn der Geist seine ursprüngliche Natur erkennt. Diese kann man auch in zwei Weisheiten unterteilen:
1. die Weisheit, die die Natur aller Phänomene erkennt, die absolute Wahrheit;
2. die Weisheit, die die Erscheinungsweise aller Phänomene erkennt, die relative Wahrheit.
Buddha, der Erwachte, ist also jemand, der alle Schleier gereinigt hat und alles weiß, was es zu wissen gibt. Er ist der Höchste, der Erhabenste unter den Menschen. Er ist der einzige, der diese Allwissenheit hat. Daher ist er der erste in der Reihenfolge von Buddha, Dharma und Sangha.

Der Buddha hat verbunden mit der Allwissenheit, Liebe und Mitgefühl für alle Wesen und gibt ihnen deshalb Belehrungen, um sie vom Leiden zu befreien. Daher steht an zweiter Stelle dieser Anordnung der **Dharma,** *die Lehre.*

Hier unterscheidet man den Dharma der Schriften und den Dharma der Realisation. *Der Dharma der Schriften* wird eingeteilt in Sutra und Tantra. Sutra wird in die Drei Körbe von Vinaya, Sutra und Abhidharma unterteilt, Tantra in die vier Tantraklassen. *Der Dharma der Realisation* wird in die drei Arten von Training eingeteilt, das Training von Disziplin, Mediation und Weisheit. Die drei Körbe werden durch die drei Arten von Training, die ihnen jeweils entsprechen, in die Praxis umgesetzt.

Wenn dann die Leute, die die Belehrungen vom Buddha hören, wirklich in den Weg eintreten, d.h. wenn sie die Belehrungen hören, darüber nachdenken und sie schließlich praktizieren, bildet sich **die Sangha,** *die Gemeinschaft der Praktizierenden. Deshalb ist der dritte Punkt dieser Anordnung die Sangha.*

Auch hier unterscheidet man zwei Arten, die gewöhnliche Sangha und die außergewöhnliche oder Edle Sangha.

Die gewöhnliche Sangha sind die Praktizierenden, die noch keine Realisation der Natur ihres Geistes erlangt haben.

Die Edle Sangha sind diejenigen, die eine der vier Stufen der Realisation im Kleinen Fahrzeug (siehe auch: Frucht des Sravakayana) oder eine der Bodhisattvastufen im Großen Fahrzeug erlangt haben.

Buddha, Dharma und Sangha, *die Drei Juwelen, bilden die gemeinsame Zuflucht (siehe Seite 54 /55) aller Buddhisten in der ganzen Welt.* Sie werden am Ende des Textes (ab Seite 106) noch von der absoluten Sichtweise her erklärt.

2.

DIE DREI WURZELN

Speziell für den Tibetischen Buddhismus ist, daß man zusätzlich zu den Drei Wurzeln Zuflucht nimmt:

1. **Der Lama** schafft für uns die lebendige Verbindung zur Erleuchtung, indem er als Teil der ungebrochenen Übertragungslinie vom historischen Buddha Shakyamuni an bis in unsere heutige Zeit die direkte Erfahrung und den Segen für die Praxis weitergibt.

2. Insbesondere gibt er die befreienden Methoden, die verschiedenen Meditationsaspekte oder **Yidams**, die die Qualitäten der Erleuchtung ausdrücken und die uns ermöglichen, schnell die gewöhnlichen und außergewöhnlichen Verwirklichungen (Siddhis) zu erlangen.

3. Schließlich beseitigt der Lama auch alle inneren und äusseren Hindernisse für die Praxis durch die **Schützer**, die die spontane und mühelose Budhhaaktivität ausführen und alle Erfahrungen zu einem Schritt auf dem Weg machen.

Diese drei Aspekte, Lama, Yidam und Schützer, sind die Drei Wurzeln, welche nicht von den Drei Juwelen zu trennen sind. Alle sechs Aspekte sind in dem sogenannten „Zufluchtsbaum" angeordnet, einem wunscherfüllenden Baum, der nach der Mythologie im Götterbereich steht und dort spontan alle Wünsche erfüllt. Hier symbolisiert der Baum die wunscherfüllenden Qualitäten der Erleuchtung.

Die Quelle sowohl der Drei Juwelen als auch der Drei Wurzeln ist der historische Buddha Shakyamuni, der vor ca. 2500 Jahren gelebt hat. In diesem Zeitalter erscheinen nach dem Bhadrakalpika-Sutra 1000 Buddhas, von denen unser Buddha Shakyamuni (tib.: Shakya Thubpa) der vierte ist. Die *Namen der ersten drei Buddhas* sind: 1. Krakuchanda (tib.: Khorvadjig), 2. Kanakamuni (tib.: Serthub) und 3. Kashyapa (tib.: Ösung). Der fünfte und nächste Buddha wird Maitreya (tib.: Djampa) sein. Jeder dieser Buddhas ist mit den vollständigen Merkmalen der Buddhaschaft ausgestattet, den 32 Haupt- und 80 Nebenmerkmalen, und zeigt zwölf besondere Taten.

3.

DIE ZWÖLF TATEN
EINES BUDDHAS

Zuerst die Aufzählung der einzelnen Taten:

1. Herabsteigen aus dem Tushita-Himmel
2. Eintritt in den Mutterleib
3. Geburt
4. Studium des Handwerks und der Künste
5. Sich Erfreuen am Leben im Palast
6. Entsagung
7. Askese
8. Nach Bodhgaya gehen
9. Besiegen der Hinderniskräfte
10. Die Erleuchtung
11. Das Drehen des Dharmarades
12. Eingehen ins Nirvana

Dann die nähere Erklärung zu den zwölf Taten:

Aufgrund seines unermeßlichen Mitgefühls für alle Wesen zeigte der Buddha die Zwölf Taten. Ausgestattet mit der allumfassenden Weisheit kann er alle Phänomene in den verschiedenen Bereichen erkennen. Mit dieser Weisheit der Allwissenheit zeigt er die Zwölf Taten.

Zuerst weilte Buddha Shakyamuni im Tushita-Himmel und entfaltete dort seine unermeßliche Aktivität, indem er

17

den Göttern Belehrungen gab. Er sah durch seine Weisheit den unreinen Bereich der Menschen, und nachdem er einen Stellvertreter, nämlich Maitreya, eingesetzt hatte, entschloß er sich, in den Menschenbereich herabzukommen. In der gleichen Weise wird auch der zukünftige Buddha Maitreya einen Stellvertreter einsetzen und sich im Menschenbereich inkarnieren.

1. Die erste Tat bestand nun darin, daß er in der Form eines weißen Elefanten mit sechs Stoßzähnen aus dem Tushita-Bereich herabkam.
2. Er trat in den Mutterleib seiner Mutter Mayadevi ein, der Königin des Shakya-Geschlechtes.
3. Er wurde in Lumbini aus ihrer rechten Seite geboren. Dazu gibt es noch andere Belehrungen, nämlich daß er gleichzeitig mit dem Eintritt in den Mutterleib auch in andere Bereiche gegangen ist und dort Dharmabelehrungen gegeben hat. Unmittelbar nach seiner Geburt machte er sieben Schritte in östliche Richtung; wobei durch jeden Schritt eine Lotusblüte unter seinen Füßen entstand, und er einen Vers dabei lehrte.
4. Dann war er sehr geschickt in den Handwerken und Künsten, im Bogenschießen usw.
5. Er war verheiratet mit Yasodhara und anderen Frauen und lebte als Prinz wie es damals üblich war.
6. Eines Tages verließ er den Palast und begegnete Krankheit, Alter und Tod. Nachdem sein Begleiter ihm bestätigt hatte, daß dies allen Wesen widerfährt, entstand große Entsagung in ihm. Er zog daraufhin in die Hauslosigkeit. Als alle im Palast schliefen, seine Frauen und seine Diener, schlich er sich davon. Er war nur von einem Diener begleitet, und als sie weit genug vom Palast entfernt waren, schickte er den Diener mit seinem Pferd zurück.
7. Er schnitt sich die Haare und übte sechs Jahre lang Askese. Dies geschah am Ufer des Flusses Neranjana, in der Nähe von Bodhgaya.
8. Nach Bodhgaya ging er dann später, um hier wie alle an-

deren Buddhas dieses Zeitalters die Erleuchtung zu erlangen.

9. Am Abend vor der Erleuchtung hatte Mara alle möglichen Heerscharen geschickt, zornvolle Manifestationen und auch schöne Frauen mit allen möglichen Düften, die ihre Reize zeigten. Aber der Buddha saß im Versenkungszustand und war durch sein Mitgefühl unerschütterlich.

10. Kraft seiner vajragleichen Konzentration manifestierte er in der Morgendämmerung des Vollmondtages im Mai die vollkommene Erleuchtung. Nachdem er die Buddhaschaft erlangt hatte, verkündete er sieben Wochen lang keine Lehre, obwohl man ja Buddhaschaft erlangt, um allen Wesen zu helfen.

Dazu gibt es eine gewöhnliche und eine außergewöhnliche Darstellung:

Zuerst die gewöhnliche Darstellung: Es hat in dieser Zeit keine Wesen gegeben, die das gute Karma hatten, Belehrungen von ihm zu bekommen.

Dann die außergewöhnliche Darstellung: Er hat in dieser Zeit tantrische Belehrungen gegeben, geheime Belehrungen wie z.b. das Hevajra-Tantra.

Nach diesen sieben Wochen schenkte ihm Brahma eine wunderschöne Muschel, deren Spiralen alle nach rechts drehten, so schön, wie es sonst keine auf dieser Welt gibt, und Indra schenkte ihm ein 1000-speichiges Dharmarad.

11. Daraufhin ging er nach Varanasi, nicht direkt in die Stadt, sondern in einen Gazellenhain in der Nähe, und lehrte dort das erste Dharmarad: Die Vier Edlen Wahrheiten. Hauptsächlich waren es Götter und auf der Erde viele Tiere wie Gazellen, Hirsche usw., die ihm zuhörten. Insgesamt waren nur fünf Menschen zugegen, nämlich seine früheren Begleiter aus der Zeit der Askese.

Das zweite Drehen des Dharmarades geschah in Rajgir, wo er die Prajnaparamita-Lehren gab und das dritte Drehen geschah an verschiedenen Orten, wobei der Buddha die allen fühlenden Wesen innewohnende Buddhanatur erklärte. Alle drei Drehungen des Dharmarades gelten als eine Tat.

12. Dann, im Alter von 84 Jahren, ging er in Kushinagara ins Parinirvana ein (er ging über die Gegensätze vom Kreislauf der Existenz (Samsara) und der Befreiung der Arhats (Nirvana) hinaus / siehe Seite 38f.).

Das sind *die Zwölf Taten eines Buddha.* Er zeigt sie, um eine Verbindung zum Menschenbereich herzustellen. Er zeigt den Menschen einen Weg, wie sie aus der bedingten Welt herauskommen können. Eigentlich wußte er all die Dinge über Vergänglichkeit usw. schon, aber er mußte zuerst den Kontakt zur Menschenwelt herstellen. In Deutschland z.b. haben die Menschen bestimmte Verhaltensweisen, auf die man sich einstellen muß, wenn man mit ihnen in Kontakt treten will. Genauso stellte sich der Buddha auf die Konventionen der Menschenwelt ein.

4.
DAS DREIMALIGE DREHEN
DES DHARMARADES

Das Dreimalige Drehen des Dharmarades bedeutet, daß der Buddha nicht nur für die Schüler, die ihn persönlich treffen konnten, gelehrt hat, sondern daß seine Belehrungen von der Zeit an für das ganze kommende Zeitalter zur Verfügung stehen.

In der Nähe von Varanasi, in einem Gazellenhain (Sarnath), lehrte der Buddha **das erste Dharmarad**. *Bevor er überhaupt das Dharmarad drehte, wußten die Menschen nichts von den buddhistischen Belehrungen – sie hatten noch niemals davon gehört. Deshalb hat der Buddha zuerst erklärt, was positives Handeln ist, wie man negatives Handeln vermeidet, was die Vier Edlen Wahrheiten sind usw. Allgemein hat er die Verbindung von Ursache und Wirkung, also die Funktionsweise von Karma erklärt.* Die meisten Menschen haben sehr starke Anhaftung an Samsara, den Kreislauf der Existenz, an diese Welt. Deshalb war es notwendig zu zeigen, daß die Erfahrungen dieser Welt mit Leiden verbunden sind. Daher hat der Buddha zuerst diese Belehrungen gegeben. Mit diesen Belehrungen kann man das eigene negative Karma reinigen und erlangt als Frucht die *Arhatschaft*, den Zustand von Frieden im Geist (Arhat bedeutet Feindzerstörer; jemand, der die Feinde im eigenen Geist, die störenden Gefühle überwunden hat). **Das zweite Drehen des Dharmarades** geschah in Rajgir, wo er hauptsächlich die Prajnaparamita-Lehren, die höchsten Weisheitsbelehrungen, gab. Das Mahayana zeichnet sich durch Großes Mitgefühl und ein Verständnis der Leerheit aus, der raumgleichen Natur unseres Geistes. Dadurch ist man fähig, zum Wohle anderer zu wirken. Durch die Methoden des Hinayana hat man die groben Störungen gereinigt und einen Zustand von Frieden erreicht. Aber man hat in erster Linie an sich selbst gedacht. Es ist sehr schwer umzudenken, das heißt zuerst an andere zu denken und dann erst an sich selbst. Aber wenigstens hat man als Arhat schon die groben Störungen, das grobe Leiden, beseitigt. Auf den Bodhisattvastufen vollendet man dann die befreienden Handlungen, die Paramitas, entwickelt sich weiter und erhält schließlich auf der achten Bodhisattvastufe eine Prophezeiung über die zukünftige Buddhaschaft.

Das dritte Drehen des Dharmarades geschah an verschiedenen Orten – erwähnt werden Vaishali oder auch Shravasti. Außer diesen beiden sind die Orte größtenteils unbekannt, da der Buddha hier das geheime Mantrayana gelehrt hat und nur besonders fortgeschrittene Schüler zuhören durften, die starkes Vertrauen zu Buddha und zur Natur ihres eigenen Geistes hatten. Der Buddha hat alle Belehrungen immer entsprechend den Fähigkeiten der Schüler gegeben und beim ersten und zweiten Drehen des Dharmarades nur vorläufige Belehrungen gegeben, daß heißt er hat immer nur den nächsten Schritt auf dem Weg gelehrt. Hier, beim dritten Drehen des Dharmarades, lehrte er dann die endgültige oder letztendliche Bedeutung, hauptsächlich die allen Wesen innewohnende Buddhanatur, die schon mit allen perfekten Qualitäten der Eleuchtung ausgestattet ist. Diese Belehrungen ermöglichen es, durch Identifikation mit den Buddhaeigenschaften in uns sehr schnell, das heißt im besten Falle in einem einzigen Leben, die volle Erleuchtung zu erreichen.

Faßt man es zusammen, so kann man folgendes sagen: Beim ersten Drehen des Dharmarades hat der Buddha darüber gelehrt, wie man Verdienst ansammelt, wie man negative Handlungen aufgibt usw., um später die Befreiung zu erlangen. Er hat in diesem Zusammenhang von Existenz gesprochen: Wenn du dies oder jenes tust, so passiert dies oder das – als wenn Karma wirklich existieren würde. Beim zweiten Drehen hat er die Leerheit erklärt, um die Anhaftung an Existenz zu überwinden. Hier sprach er von der Nichtexistenz; davon, daß alle Dinge in Abhängigkeit entstehen und gleichzeitig ihrer Natur nach leer sind.

Um aber zu vermeiden, daß die Leute in die Extreme von Existenz oder Nichtexistenz fallen, hat er dann das dritte Drehen des Dharmarades gegeben. Hier lehrte er die letztendliche Bedeutung, das Freisein von den Extremen, die ursprüngliche Weisheit jenseits von Konzepten.

5.
YANA – FAHRZEUG
(TIB. THEGPA)

Alle Belehrungen die der Buddha gegeben hat, kann man in verschiedene Fahrzeuge (Yanas) unterteilen. Traditionellerweise werden zwei, drei oder neun Fahrzeuge in den Belehrungen genannt.

Spricht man von **zwei Fahrzeugen**, *so gibt es dazu folgende Erklärung:*
Ein Fahrzeug ist das, was einen zur Frucht, zum Ziel hinführt. Daher hat es die Aspekte Ursache und Frucht. Das erste wird als Ursachefahrzeug (skr. Sutrayana) bezeichnet, da der Schwerpunkt darauf liegt, die Ursachen für die Erleuchtung zu schaffen. Es ist ein ziemlich langer Weg, deshalb sagt man, es ist die Ursache zur Erleuchtung. Dieses Ursachefahrzeug wird auch Fahrzeug der Charakteristik genannt und ist der Sutraweg. Fahrzeug der Charakteristik bedeutet, daß es die Charakteristik hat, ein authentisches Fahrzeug zu sein, welches zur vollkommenen Buddhaschaft hinführt.

Das zweite, das Fahrzeug des geheimen Mantrayana, auch Fruchtfahrzeug (skr. Tantrayana) oder Diamantweg (skr. Vajrayana) genannt, ist ein sehr kurzer, sehr schneller Weg. Man identifiziert sich auf diesem Weg mit der Frucht – den verschiedenen Aspekten der Erleuchtung.

6.

DER UNTERSCHIED ZWISCHEN HINAYANA UND MAHAYANA

Allgemein kennen wir die Einteilung in Hinayana und Mahayana, das Kleine und das Große Fahrzeug. Das Hinayana wird auch *Theravada* (die Schule der Ordensälteren) genannt und entspricht dem südlichen Buddhismus.

Es gibt fünf Aspekte des Mahayana die es vom Hinayana unterscheiden:

1. Es werden beide Aspekte der Selbstlosigkeit realisiert, die Selbstlosigkeit der Person und der Phänomene.
2. Man entwickelt die Erleuchtete Geisteseinstellung und praktiziert auf dieser Basis die sechs oder zehn befreienden Handlungen(siehe Seite 59-62).
3. Man gibt beide Arten von Schleiern auf, die Schleier der störenden Gefühle und die Schleier der falschen Anschauungen sowie die Tendenzen solcher Schleier.
4. Man erlangt das Nirvana (siehe Seite 38) jenseits der begrenzenden Zustände von Samsara und Nirvana.
5. Nach den Belehrungen des achten Karmapa Mikyö Dorje sind in bezug auf den Pfad des Mahayana sieben große Eigenschaften erfüllt. Das ist der Grund, warum das große Fahrzeug im Vergleich zum Kleinen Fahrzeug „groß" genannt wird:

Eine große Ausrichtung (tib.: migpa tschenpo) – es ist auf das Wohl aller Wesen ausgerichtet, speziell durch die Fülle der Belehrungen zum Nutzen der Wesen.

Große Motivation (tib.: drubpa tschenpo) – die befreienden Handlungen (Paramitas) werden sowohl für den eigenen Nutzen, als auch für den Nutzen anderer vervollkommnet.

Die Realisation ist große ursprüngliche Weisheit (tib.: yeshe tschenpo) , d.h. beide Aspekte der Essenzlosigkeit werden durch Studieren, Reflektieren und Meditieren erkannt.

Man hat *großen Fleiß* (tib.: tsöndrü tschenpo) im Großen Fahrzeug. Man praktiziert durch drei endlose Weltzeitalter hindurch und nimmt dabei große Härten auf sich.

Das Fahrzeug hat *große geschickte Mittel* (tib.: thab tschenpo) oder Methoden, das heißt mit der Erleuchteten Geisteseinstellung kann man sogar die sieben negativen Handlungen von Körper und Rede ausüben. Sie werden durch diese Einstellung zu positiven Handlungen.

Es gibt eine *letztendliche Vervollkommnung* (tib.: drubpa tschenpo) – die große Erleuchtung charakterisiert durch die zehn Kräfte des perfekten Wissens, die vier Furchtlosigkeiten, die achtzehn unvermischten Qualitäten usw. (siehe Seite 87-95).

Daraus entsteht *große verbreitete Buddhaaktivität* (tib.: thrinle tschenpo) die spontan und ununterbrochen zum Wohle der Wesen wirkt.

Warum hat der Buddha das Kleine und das große Fahrzeug gelehrt?

Wenn man denkt, man praktiziert gleich das Mahayana, so entsteht dadurch Stolz. Dieser Stolz hindert einen daran, das Leiden der Wesen wirklich zu verstehen. Nur durch ein Verständnis des Leidens in Samsara, ist es möglich, tiefes Mitgefühl für die Wesen zu entwickeln.

Viele Wesen wollen zuerst Hinayana praktizieren und danach weitergehen. Indem man das Gesetz von Karma, von Ursache und Wirkung, immer mehr versteht, entwickelt man bessere Gewohnheiten und vermeidet nach Möglichkeit, anderen zu schaden. Der Geist bekommt dadurch mehr Vertrauen zu sich selbst und wird ruhiger. Durch die Meditationspraxis entsteht schließlich mehr Raum im Geist, ein Abstand zu den Dingen, der es ermöglicht, selbst zu entscheiden, was man erleben möchte. Man kann dann bewußt wählen, den Tragödien fernzubleiben und in den Komödien mitzuspielen, wie Lama Ole Nydahl es ausdrückt. Aus der Kontrolle über die störenden Gefühle entwickeln sich schließlich Überschußkräfte, die man zum Nutzen anderer einsetzen kann. Dann geht man auf der Mahayana-Ebene weiter.

Die Notwendigkeit beider Wege nacheinander wird auch von Asangha und Nagarjuna vertreten. In jeder Meditation nehmen wir zuerst Zuflucht, was dem Hinayana entspricht, dann entwickeln wir die Erleuchtete Geisteseinstellung (Mahayana). Schließlich kommen wir zur eigentlichen Praxis, was dem Diamantweg entspricht (Vajrayana). Die Widmung des Verdienstes am Ende jeder Praxis stellt wieder die Verbindung zur Basis des Mahayana her.

Spricht man von zwei Yanas, so sind dies Sutrayana und Tantrayana.

Spricht man von drei Yanas, so sind dies: Shravakayana (wörtl.: das Fahrzeug der Hörer), Pratyekabuddhayana (wörtl.: das Fahrzeug der Einzelverwirklicher) und Bodhisattvayana (wörtl.: das Fahrzeug der Helden des Erleuchtungsgeistes).

Die neun Yanas sind Shravakas, Pratyekabuddhas und Bodhisattvas, Krija-Tantra, Carja- oder Upa-Tantra und Yoga-Tantra, sowie Anuttarayoga-Tantra mit Vater-, Mutter- und Nondualem-Tantra. Die neun Yanas werden hauptsächlich in der Nyingma-Tradition des tibetischen Buddhismus gelehrt. Hier werden die drei höchsten Tantra-Klassen Mahayoga-Tantra, Anuyoga-Tantra, und Atiyoga-Tantra genannt.

7.

DIE DREI FAHRZEUGE

Jedes Fahrzeug wird durch vier Punkte erklärt: Sichtweise, Verhalten, Meditationspraxis und Frucht. Diese entsprechen auch den Vier Edlen Wahrheiten: Die Sichtweise entspricht dem Verständnis des Leidens. Das Verhalten entspricht dem Verständnis von den Ursachen des Leidens. Die Frucht ist das Aufhören des Leidens und die Meditationspraxis der Weg dorthin.

Die *Sichtweise* der **Shravakas** ist, daß die äußere Welt nicht in der Weise existiert, wie wir sie wahrnehmen, aber sie halten kleinste Bausteine der äußeren Phänomene (Atome) für wahrhaft existent. Diese Sichtweise wird von den beiden philosphischen Schulen der Vaibashikas und Sautrantikas (siehe Seite 98-99) vertreten. Ebenso glauben sie an kleinste unteilbare Momente des Bewußtseins (den inneren Aspekt). Von den beiden Arten der Selbstlosigkeit realisieren sie die Selbstlosigkeit des Individuums.

In ihrem *Verhalten* vermeiden sie die zehn negativen Handlungen und praktizieren die zehn positiven Handlungen. Das Verhalten insgesamt entspricht den Vinaya-Belehrungen (siehe Seite 33), den Laien- (tib. Genyen), Novizen- (tib. Getsül) und Mönchsgelübden (tib. Gelong).

Ihre *Meditationspraxis* besteht hauptsächlich in den Vier Edlen Wahrheiten:

1. Die Wahrheit vom Leiden in den verschiedenen Daseins-

bereichen. Man unterscheidet allgemein drei Bereiche im Kreislauf der Existenz: den Begierdebereich, den Formbereich und den Formlosen Bereich.

2. Die Wahrheit von der Ursache des Leidens sind die störenden Gefühle und das Karma.

3. Die Wahrheit vom Aufhören des Leidens ist das Beseitigen der störenden Gefühle und des Karmas.

4. Die Wahrheit des Weges oder die Methode ist hauptsächlich die Shine-Meditation (Meditation der Geistesruhe).

Die *Frucht* der Shravaka-Praxis besteht aus vier Stufen:

1. Die in den Strom eingetreten sind (sie haben eine gewisse Vollkommenheit erlangt);

2. die, die noch einmal in den Begierdebereich zurückkehren;

3. die, die nicht mehr dorthin zurückkehren, aber noch einmal in den Form- und Formlosen Bereichen wiedergeboren werden;

4. die Arhats.

Die Charakteristik: Sie haben wenig Mitgefühl, einen engen Geist, und Angst vor der Raum-Natur des Geistes oder vor Mahamudra.

Bei den **Pratyekabuddhas** ist es ähnlich wie bei den Shravakas, sie haben aber zusätzlich noch Stolz. Ihr Name bedeutet wörtlich „selbstsiegreich" – rang gyal. Es gibt zwei Typen: die, die in Gruppen und die, die alleine praktizieren. Die Aktivität des Buddha erreicht sie z.B. durch Licht oder Inspiration, aber sie behaupten, sie hätten keinen Lehrer.

Ihre *Sichtweise* ist, daß äußerlich nichts wahrhaft existent ist – auch keine Atome, wie die Shravakas behaupten, aber innerlich halten sie kleinste Bewußtseinsaugenblicke für wahrhaft existent, da sie glauben, daß die äußerlichen Dinge sich nur aus der Kontinuität dieser Bewußtseinsaugenblicke zusammensetzen.

Sie verstehen, daß das Selbst des Individuums und das Selbst der äußeren Phänomene, d.h. dessen, was wahrgenommen wird, nicht wahrhaft existieren. Sie verstehen aber nicht die subtile Selbstlosigkeit der inneren Phänomene, das

heißt die Nichtexistenz eines Wahrnehmenden.
Ihr *Verhalten* entspricht ebenfalls dem der Shravakas, z.B.
ihre Gelübde usw.

Ihre *Meditationspraxis* beinhaltet die Vier Edlen Wahrheiten und zusätzlich die „Zwölf Glieder des Abhängigen Entstehens". Diese sind folgende:
Unwissenheit – karmische Tendenzen – Bewußtsein – Name und Form (die fünf Skandhas) – die Ursprünge (Sinnesobjekte und Sinnesfähigkeiten) – Kontakt – Gefühl – Begierde – Ergreifen. Aus der Verbindung dieser Glieder entstehen Existenz (Werden), Geburt und die Veränderung von Alter und Tod. Diese zwölf Glieder werden später (Seite 51) noch ausführlich erklärt.

Pratyekabuddhas untersuchen ihren Zustand und gehen rückwärts immer von der Wirkung zur Ursache, bis zur Unwissenheit als letzter Ursache. Sie stellen dann fest, daß das Selbst nicht wahrhaft existiert. Dadurch können sie ihre falschen Ansichten korrigieren und die Natur ihres Geistes verstehen, denn die Unwissenheit ist nur ein Ausdruck des Geistes. Man meditiert darauf und versteht ihre wahre Natur – sie ist leer von charakteristischen Merkmalen.

So ist die *Frucht*, daß sie nach 100 Weltzeitaltern des Ansammelns von Verdienst den „Weg der Verbindung", den „Weg des Sehens" und den „Weg des Nicht-mehr-Lernens" in einem Augenblick durchschreiten und Arhats werden. In ihrem letzten Leben werden sie in einem Land ohne Buddha und ohne Lehrer geboren. Das ist ein spezielles Resultat ihrer Praxis.

Dann folgt der **Bodhisattvaweg**:
Bodhisattvas zeigen den *Weg* zur Erleuchtung und Buddhas das *Ziel*. Das Potential der Bodhisattvas (Mahayana-Potential) ist Liebe und Mitgefühl.
Ihre *Sichtweise* ist folgende: Es gibt eine relative Wahrheit – die äußere Welt der Erscheinungen, und eine letztendliche Wahrheit – es ist die Sichtweise, daß die Dinge, während sie erscheinen, ihrer wahren Natur nach leer und nicht wahrhaft existent sind. Man ist zwar schon ein Bodhi-

sattva, wenn man das Bodhisattvagelübde genommen hat, aber man wird erst auf der ersten Bodhisattvastufe ein wahrer Bodhisattva, wenn man die beiden Wahrheiten voll erkannt hat und damit auch die beiden Aspekte der Selbstlosigkeit.

Die Dinge sind der erscheinende, sich manifestierende Aspekt des Geistes, wie das eigene Bild im Spiegel oder wie der Mond, der vom Wasser reflektiert wird. Die Gewohnheitstendenzen, die durch unsere Handlungen entstanden sind, werden wieder nach außen reflektiert und bringen die äußere Welt hervor und damit alle illusionären Erscheinungen. Sie kommen natürlich, von sich aus, aus dem Geist hervor. Während sie sich auf diese Art manifestieren, sind die Dinge in ihrer wahren Natur leer von wahrhafter Existenz.

Wenn man diese beiden Wahrheiten, die relative und die absolute, erkennt und vollkommen versteht, erlangt man die Fähigkeiten, wie sie zum Beispiel von Mahasiddhas bekannt sind, so beispielsweise daß man durch Felsen gehen kann, Wasser in Feuer umwandeln kann und umgekehrt und vieles mehr. Dies ist ein Zeichen, daß man die leere Natur der Phänomene verstanden hat.

Das *Verhalten* eines Bodhisattvas besteht in der Entwicklung der Erleuchteten Geisteseinstellung, ausgedrückt durch das Nehmen des Bodhisattva-Gelübdes, den sechs Befreienden Handlungen (Paramitas) und den vier besonderen Qualitäten, die die Wesen zusammenführen.

Die Befreienden Handlungen (Paramitas) werden später erklärt. Die Qualitäten, die die Wesen zusammenführen, sind:

• Freigebigkeit,
• daß man in der richtigen Weise mit den Menschen spricht (angenehme Rede),
• zum Wohl der anderen zu praktizieren,
• sich in Übereinstimmung mit dem positiven Verhalten der anderen zu benehmen (mit den Konventionen des jeweiligen Landes).

Die Meditationspraxis sind die 37 Schritte des Bodhisattvaweges oder 37 Erleuchtungsfaktoren, zum Beispiel Vertrauen, Fleiß, Achtsamkeit, meditative Konzentration und der Aspekt der höheren Einsicht (Lhaktong) usw. (siehe Seite 64)

Die *Frucht* des Bodhisattvaweges ist, daß man nach drei unermeßlichen Weltzeitaltern (Kalpas) den „Pfad des Nicht-mehr-Lernens" und damit vollkommene Buddhaschaft erlangt.

Die ersten beiden der fünf Wege praktiziert man während des ersten der drei Weltzeitalter. Gleich zu Beginn des zweiten Weltzeitalters erreicht man den „Weg des Sehens" und kommt auf die erste Bodhisattvastufe. Man durchläuft dann die ersten sieben Bodhisattvastufen (die „unreinen" Bodhisattvastufen) auf dem „Weg der Meditation".

Während des dritten Weltzeitalters gelangt man von der siebten bis zur zehnten Bodhisattvastufe (die drei „reinen" Stufen). Das ist dann der „Weg des Nicht-mehr-Lernens".

Wenn man aber sehr gut praktiziert, speziell mit den effektiven Methoden des Tantrayana oder Diamantweges, kann man die fünf Wege in einem einzigen Leben durchschreiten. Man soll nicht vor der Zahl von drei Weltzeitaltern erschrecken.

Am Ende hat man den Nutzen für sich selbst, den Wahrheitszustand (Dharmakaya), verwirklicht, und durch die Wunschgebete den Wesen zu helfen, die man auf dem Weg gemacht hat, nimmt man die zwei Formkörper an – den Freudenzustand (Sambhogakaya) für die Bodhisattvas und den Ausstrahlungszustand (Nirmanakaya) für die gewöhnlichen Wesen (siehe Seite 81).

8.

DIE DREI KÖRBE:
VINAYA – SUTRA – ABHIDHARMA

Die drei großen Sammlungen von Lehrreden „Vinaya",
„Sutra" und „Abhidharma" wurden auf dem ersten
buddhistischen Konzil, bereits ein Jahr nach dem Tod des
Buddha, von seinen drei Hauptschülern zusammengestellt.
Dabei rezitierte Upali (tib.: Njewakor) die Vinaya-Belehrun-
gen, Ananda (tib.: Künggao) die Sutra-Belehrungen und
Kashyapa (tib.: Ösung) die Abhidharma-Belehrungen. Auf
den folgenden Konzilen wurden diese Schriftensammlun-
gen mehrmals überarbeitet und kodifiziert. Als man die Texte
schließlich ins Tibetische übersetzte, wurden ihnen jeweils
Preisungen vorangestellt, an denen man erkennen konnte,
zu welchem der „Drei Körbe" der Text gehörte:
Die *Vinaya-Texte* lehren hauptsächlich Verhaltensregeln.
Sie sind in erster Linie für Mönche. Daher wird am Anfang
eines Vinaya-Textes nur der Buddha gepriesen. Es gibt au-
ßerordenlich viele Regeln, warum zum Beispiel Mönche so
handeln müssen und nicht anders, warum sie die Kleider
ohne Ärmel tragen müssen usw. Warum dies so gemacht
werden muß, das weiß nur der Buddha. Kein anderer, auch
nicht ein Bodhisattva, weiß es so genau in allen Details.
Deshalb wird in einem Vinaya-Text nur der Buddha gepriesen.
In den *Sutras* geht es dann hauptsächlich um Praxisan-
wendung, um wirkliche Anwendungsbelehrungen. Wer wendet diese an? Die Bodhisattvas. Und was ist die Frucht, wenn

33

man sie anwendet? Der Buddhazustand. Deshalb gibt es am Anfang von Sutratexten einen Lobpreis oder eine Verbeugung an die Buddhas und die Bodhisattvas.

In den *Abhidharma-Texten* geht es um alles Wissenswerte. Es wird genau beschrieben, was es alles gibt – welche Formen von Wesen und wie sie sind, welche Formen von Objekten, wie das Universum entsteht und sich wieder auflöst usw. Es ist eine umfassende Beschreibung von allem Wissenswerten. Und wer weiß am besten all das, was zu wissen ist? Es ist Manjushri. Daher gibt es am Anfang eine Preisung an Manjushri.

Vinaya, Sutra und Abhidharma wirken jeweils gegen Anhaftung, Abneigung und Unwissenheit.

9.
DIE ZWÖLF KATEGORIEN VON SCHRIFTEN

Unterteilt man die Drei Körbe Vinaya, Sutra und Abhidharma in die darin enthaltenen Kategorien von Schriften, so kommt man auf folgende zwölf Kategorien:

• Sutren,
• Verse, die in der Mite und am Ende ohne Versmaß sind (Prosa),
• prophetische Belehrungen,
• in Gedichtform komponierte Verse,
• spezielle Belehrungen,
• einleitende Belehrungen,
• Parabeln (Gleichnisse),
• Legenden,
• Wiedergeburtsgeschichten,
• Schriften mit sehr ausgedehnten Belehrungen,
• hervorragende oder wunderbare Belehrungen,
• abschließende, letztendliche Belehrungen.

Von diesen fallen die Sutren, Prosa-Verse, prophetischen Belehrungen, in Gedichtform komponierten Verse, speziellen Belehrungen, Schriften mit sehr ausgedehnten Belehrungen und die wunderbaren Belehrungen in die *Sammlung der Sutra-Lehrreden.*

Die einleitenden Belehrungen, Parabeln, Legenden und Wiedergeburtsgeschichten gehören zur Sammlung der *Vinaya-Lehrreden.*

Die letztendlichen Belehrungen werden den *Abhidharma-*

Lehrreden, den Belehrungen über Weisheit, zugeordnet.

Läßt man die Parabeln, Legenden und Wiedergeburtsgeschichten weg, so spricht man auch von den *Neun Kategorien von Schriften.*

Nun folgen die wichtigsten Belehrungen, die mit dem dreimaligen Drehen des Dharmarades verbunden sind:

Zuerst die Belehrungen des Kleinen Fahrzeugs (Hinayana), die der Buddha beim ersten Drehen des Dharmarades gegeben hat:

10.
DIE VIER SIEGEL

Im Kleinen Fahrzeug (Hinayana) sind die „*Vier Siegel der Lehrrede des Buddha*" die zentrale Belehrung, die buddhistische Anschauungen von nichtbuddhistischen Anschauungen unterscheiden:

1. Alle zusammengesetzten Dinge sind momentan und vergänglich.
2. Alle befleckten Phänomene haben die Natur der drei Arten von Leiden (siehe Seite 47).
3. Alle vollkommen befleckten und reinen Phänomene (Samsara und Nirvana) sind leer und ohne Selbst.
4. Einzig Nirvana ist Befreiung und Friede.

Nachdem man gut über sie nachgedacht hat, sollte man Gewißheit darüber entstehen lassen.

11.

SAMSARA UND NIRVANA

Da der Begriff „Nirvana" oft mißverstanden wird, soll das
Gegensatzpaar „Samsara – Nirvana" genauer erklärt
werden:
Samsara (der Kreislauf der Existenz) bedeutet: der vollkommen befleckte Zustand
Nirvana (Befreiung vom Kreislauf der Existenz) bedeutet:
der vollkommen gereinigte Zustand, oder wörtlich: „her-
ausgegangen aus dem tiefen Elend".
Die Definition von Nirvana ist: „Einzig Nirvana ist dauerhaf-
te Befreiung, die Freude ist und wahrer Friede, der nicht
mehr von den Wellen der störenden Gefühle bewegt wird."

Samsara hat nach Gampopa die folgenden drei Merkmale:
• seine Natur ist Leerheit
• seine Erscheinungsform ist Illusion und
• sein charakteristisches Merkmal ist Leiden.
Nirvana hat ebenfalls drei Merkmale:
• seine Natur ist Leerheit
• seine Erscheinung ist Freiheit von Illusion und
• sein charakteristisches Merkmal ist daher Freisein von
  allem Leiden.
Es gibt aber *verschiedene Arten von Nirvana, die in den Texten sorgfältig voneinander unterschieden werden müssen:*
Die Soheit aller Phänomene, die Reinheit von Natur aus,
ist das *„natürliche Nirvana".*

Das Aufhören aufgrund des Vergehens der Samen durch den weltlichen Pfad ist das namentlich beigelegte (konzeptuelle) *Nirvana des Aufhörens*. Auf den vier Versenkungsstufen der Formlosigkeit werden die karmischen Eindrükke, die Samen, aufgebraucht und es entsteht ein fälschliches Nirvana. Das durch den Pfad des Sehens im Kleinen Fahrzeug erlangte Aufhören ist das *Nirvana der Arhats*.

Das Nirvana, das durch die Kraft der unterscheidenen Weisheit und des Mitgefühls der Buddhas und Bodhisattvas nicht in die Extreme von Existenz und Frieden fällt, ist das *Nicht-verweilende Nirvana*.

Diese letzteren beiden, das Nirvana der Arhats und das Nicht-verweilende Nirvana sind die beiden wichtigsten und müssen sorgfältig voneinander unterschieden werden.

12.
DIE VIER EDLEN WAHRHEITEN

Die *Wahrheit des Leidens* ist wie eine Krankheit und muß erkannt werden.

Die *Wahrheit von der Ursache des Leidens* ist wie die Ursache der Krankheit, die aufgegeben werden muß.

Die *Wahrheit des Aufhörens des Leidens* entsteht aus dem Glück, das frei ist von Leiden, und muß erlangt werden.

Die *Wahrheit des Pfades* ist wie die Medizin, und man muß sich auf sie stützen.

Die Definition der Wahrheit des Leidens ist die Kontinuität der Aggregate (Skandhas), die durch Karma und störende Gefühle aus früheren Leben entstehen.

Die Skandhas können nur aufgrund von Kontinuität, von Gedächnis usw. existieren. Ohne Karma und störende Gefühle hätten wir keine Skandhas. Daher ist die Definition von der Ursache des Leidens: Karma und die störenden Gefühle bilden die Ursache der Skandhas.

Die Definition der Wahrheit des Aufhörens ist das Aufgeben, das durch die Zerstörung des Ursprungs des Leidens entsteht, indem alle Objekte aufgegeben werden, die auf dem Pfad aufgegeben werden müssen, welcher das Heilmittel ist.

Die Definition der Wahrheit des Pfades ist: Die Weisheit der Edlen, die die Fähigkeit haben, das Aufhören des Leidens zu erlangen, indem sie den Ursprung des Leidens aufgeben.

Man kann auch sagen: durch Aufgeben des Ursprungs erlangt man das Aufhören des Leidens.

13.

DIE FÜNF AGGREGATE (SKANDHAS)

Die Anhaftung an die Skandhas oder Aggregate ist das, was uns im Kreislauf der Existenz festhält. Der Begriff *Skandha* bedeutet *Ansammlung*, eine Ansammlung von vielen einzelnen Dingen in einer Gruppe. Allgemein gibt es fünf Skandhas:
Form, Gefühl, Unterscheidung, Geistesfaktoren und Bewußtsein.
1. Das **Skandha der Form** bezieht sich auf ursächliche Form, die vier Elemente und bewirkte Form, die fünf Sinnesfähigkeiten und die fünf äußeren Objekte der Sinne wie sichtbare Formen, Klänge, Gerüche, Geschmäcker und berührbare Objekte. Die Sicht oder Berührung von diesen Objekten kann auch verschleiert sein. Dazu kommen Formen für das Geistbewußtsein (nicht sichtbare Fomen):
- eingebildete oder vorgestellte Formen wie zum Beispiel die Vorstellung, der eigene Körper sei ein Skelett usw.
- zusammengesetzte Formen, die zum Beispiel aus atomaren Teilchen bestehen usw.
- aus Versprechen (zum Beispiel Hinayana-Gelübde) entstandene Form
- Raumform
- Form für einen Yogi mit Kräften, wie Versenkungszustände, die mit den Elementen verbunden sind
2. Das **Skandha des Gefühls** ist gleichzeitig einer der Geistesfaktoren. Allgemein gibt es drei Arten von Gefühlen:

positive, negative und neutrale Gefühle. Das charakteristische Merkmal ist Erfahrung: es ist etwas, das erfahren wird.

3. Auch das **Skandha der Unterscheidung** ist gleichzeitig einer der Geistesfaktoren. Unterscheidung ohne Namen wie zum Beispiel bei Babys oder mit Namen, wie zum Beispiel Gedanken von gut oder schlecht oder andere Benennungen werden in diesem Skandha zusammengefaßt. Im Begierdebereich findet man geringe Unterscheidung, im Formbereich ausgedehnte Unterscheidung und im Formlosen Bereich grenzenlose Unterscheidung.

4. Das **Skandha der Geistesfaktoren** besteht aus verschiedenen Arten von geistigen Ereignissen. Man unterscheidet insgesamt 51 Faktoren, die sich auf den Geist und auf materielle Dinge beziehen. Es sind dies:

Fünf allgegenwärtige Faktoren, die jede geistige Erfahrung begleiten: Absicht, Kontakt, Gefühl, Unterscheidung und Geistesaktivität.

Fünf eindeutige Faktoren, die den Geist auf bestimmte Objekte ausrichten: Streben, Wertschätzung, Achtsamkeit, Konzentration und Unterscheidende Weisheit.

Elf positive Faktoren: Vertrauen, Schamgefühl, Respekt, Nicht-Anhaftung, Nicht-Abneigung, Nicht-Unwissenheit, Fleiß, Flexibilität, Vorsicht, Gleichmut, Nicht-Schaden oder auch Mitgefühl.

Sechs Hauptstörungen: Begierde, Haß, Stolz, Unwissenheit, Zweifel und falsche Ansichten (von denen es fünf Hauptarten und viele Nebenarten gibt).

Zwanzig Nebenstörungen: Feindseligkeit, nachtragend sein, Groll, Bosheit, Neid, Heuchelei, Betrug, Schamlosigkeit, Respektlosigkeit, Verheimlichung, Geiz, Eitelkeit, Faulheit, Vertrauenslosigkeit, Unvorsichtigkeit, Vergeßlichkeit, fehlende Bewußtheit, Dumpfheit, Erregtheit und Ablenkung.

Vier wandelbare Faktoren, die entweder negativ oder positiv sein können: Schlaf, Bedauern, oberflächliche Untersuchung und genaue Analyse.

5. Beim **Skandha des Bewußseins** unterscheidet man konzeptionelle und nicht-konzeptionelle Aspekte des Bewußtseins, wobei Bewußtsein das ist, was eigentlich Objekte wahrnimmt. Es ist klar und erkennend. Man unterteilt Bewußtsein im Hinayana und teilweise im Mahayana in sechs Aspekte: Die fünf Sinnesbewußtseins und das Geistbewußtsein. In anderen Mahayanaschulen („Nur-Geist-Schule" und Shentong-Schule, siehe "Die vier philosophischen Schulen" Seite 98) unterteilt man es in acht Aspekte. Die fünf Sinnesbewußtseins, das Geistbewußtsein, das verschleierte Bewußtsein und das Basisbewußtsein.

Aus dem ständigen Zusammenwirken dieser fünf Skandhas oder Aggregate entsteht die Ich-Illusion und damit alles Leiden. Die Belehrungen über die Fünf Skandhas sind daher das Gegenmittel gegen die Anhaftung an das Selbst, an eine wirklich existierende Einheit der Person. Versteht man, daß Körper und Geist aus einer großen Ansammlung einzelner Komponenten bestehen, so löst sich diese Anhaftung auf. Dabei wirken die Belehrungen über die Fünf Skandhas besonders der Illusion entgegen, daß der Geist aus einer Einheit besteht, denn es gibt vier nicht-materielle Skandhas und das materielle Skandha der Form.

43

14.
DIE ZWÖLF URSPRÜNGE

Haftet man eher am physischen Körper als einer wirklichen Einheit an, so hat der Buddha als Gegenmittel die Zwölf Ursprünge (Ayathanas) oder „Quellen der Wahrnehmung" gelehrt. Von diesen sind die meisten materiell, nämlich die fünf Sinnesobjekte und die fünf Sinnesfähigkeiten. Nur der Geist-Sinn und seine Objekte sind nicht materiell.

Die Quellen der Wahrnehmung sind die Tore, durch die die verschiedenen Aspekte des Bewußtseins nach außen treten und in Kontakt mit ihren Objekten kommen. Sie sind der Zugang für Wahrnehmung und Erkenntnis. Der Geist-Sinn ist der zuvor vergangene Moment des Bewußtseins. Die Phänomene, die vom Geist-Sinn wahrgenommen werden, lassen sich in acht Kategorien von Objekten einteilen:

15.
DIE ACHT OBJEKTE FÜR DEN GEIST

- Gefühl
- Unterscheidung
- Geistesfaktoren
- Nicht sichtbare Objekte
- Nicht zusammengesetzter Raum
- Aufhören ohne Analyse (nicht existente Dinge)
- Aufhören mit Analyse (Befreiung usw.)
- Soheit

16.
DIE ACHTZEHN ELEMENTE

Haftet man an Körper und Geist gleichermaßen als wahr existent an, so werden als Gegenmittel die *18 Elemente (Dhatus)* gelehrt, die zur Hälfte materieller und zur Hälfte geistiger Natur sind. Sie bestehen aus den sechs Sinnesobjekten, den sechs Sinnesfähigkeiten und den sechs Bewußtseinsaspekten, die hier einzeln aufgeführt werden: Die acht Objekte für den Geist werden beim Dhatu der Phänomene in fünf Objekte zusammengefaßt: Gefühl, Unterscheidung, Geistesfaktoren, nicht-sichtbare Formen und alles Nicht-Zusammengesetzte. So hat der Buddha jeweils eine kurze, mittlere und ausführliche Fassung der Belehrungen über die Grundbestandteile unserer Existenz gegeben. Die kurze behandelt die fünf Skandhas und ist für Schüler mit den höchsten Fähigkeiten. Die mittlere behandelt die zwölf Ayathanas und ist für diejenigen mit mittleren Fähigkeiten. Die ausführliche Fassung behandelt die 18 Dathus und ist für Schüler mit geringeren Fähigkeiten gedacht.

Alles, was überhaup gewußt werden kann – alle Wissensobjekte – werden in diesen fünf Aggregaten, zwölf Ursprüngen und 18 Elementen erklärt. Daher handelt das Abhidharma, in dem diese Belehrungen gegeben wurden, von allen Objekten, die gewußt werden können.

Die beiden *Haupttexte des Abhidharma* sind: *Abhidharmakosha von Vasubandhu (Hinayana) und Abhidharmasamuccaya von Asanga (Mahayana).*

46

17.

Die Drei Arten des Leidens

Die fünf Skandhas sind die Basis für alles Leiden. Sie ziehen immer die drei Arten des Leidens nach sich: Sie erzeugen **das Leiden des Zusammengesetztseins**, denn alles Zusammengesetzte fällt wieder auseinander, alle bedingten Phänomene sind vergänglich. Sie beinhalten **das Leiden der Veränderung**, welches durch Anhaften an Beständigkeit verursacht wird. Selbst die höchsten Freuden im Samsara können niemals dauerhaft sein. Sie sind der Ursprung verschleierter Geisteszustände und negativer Handlungen, die Leiden mit sich bringen. Daher sind sie auch eine Basis für **das Leiden des Leidens**. Dies ist eine genauere Erklärung für die erste der Vier Edlen Wahrheiten, die Wahrheit des Leidens.

Dazu eine weitere Erklärung von Lama Gendün Rinpoche über die Vier Edlen Wahrheiten:
Wir erfahren das Leiden in unserem eigenen Körper. Das Schaffen von negativen Handlungen bleibt daher als physische Erfahrung bei uns, und die Tatsache, daß jede physische Form, die aus den Aggregaten zusammengesetzt ist notwendigerweise von Leiden betroffen ist, ist die erste Edle Wahrheit – die Wahrheit vom Leiden.
Das Ausführen negativer Handlungen, gegründet auf die fünf störenden Gefühle, bedingt alle Formen von Leiden. Der Buddha hat daher erklärt, daß diese die Ursachen des

Leidens sind. Das ist die zweite Edle Wahrheit – die Wahrheit vom Ursprung des Leidens. Wenn man diesen fünf Geistesgiften und damit dem Leiden, welches daraus entsteht, ein Ende setzen will, so muß man sich auf den Weg machen und einem Fahrzeug geistiger Entwicklung folgen, einem fortschreitenden Weg, der einen letztendlich zur Befreiung führt. Diese Belehrung ist die dritte Edle Wahrheit – die Wahrheit vom Aufhören des Leidens.

Schließlich hat der Buddha gezeigt, daß man, wenn man den Pfad durchläuft, *im Kleinen Fahrzeug* die Frucht der Arhatschaft erlangt, den „Besieger des Feindes" (das heißt den „Besieger" des Ego), und *im Großen Fahrzeug* die vollkommene Buddhaschaft. Dadurch hat er die vierte Edle Wahrheit gezeigt – die Wahrheit des Pfades.

18.

DIE CHARAKTERISTISCHEN MERKMALE DER VIER EDLEN WAHRHEITEN

Gelangt man auf den Pfad des Sehens (siehe „Die Fünf Wege" Seite 63), so werden die Vier Edlen Wahrheiten in 16 Aspekten realisiert. *Jede einzelne der Vier Edlen Wahrheiten wird unterteilt in:*
- Geduld,
- Verständnis,
- nachfolgende Geduld,
- nachfolgendes Verständnis.

Durch die Aspekte „Geduld" und „Verständnis" werden die Verdunkelungen des Begierdebereichs gereinigt.

Durch die Aspekte „nachfolgende Geduld" und „nachfolgendes Verständnis" werden die Verdunkelungen der Form- und Formlosen Bereiche gereinigt.

Die **Merkmale dieser 16 Aspekte** werden folgendermaßen beschrieben:

Bei der *Wahrheit des Leidens:*
- Vergänglichkeit – weil alles zusammengesetzt ist.
- Die drei Arten von Leiden – weil es die 5 Skandhas sind.
- Leerheit der eigenen Person – nichts als Benennung.
- Selbstlosigkeit – es gibt nichts was 'mein' oder 'dein' genannt werden kann, die 5 Skandhas existieren nicht wahrhaft.

Der *Ursprung des Leidens* wird unterteilt in:
- Ursache – störende Gefühle und Anlagen für Samsara

- Ursprung – die Ursachen, die die allgemeine äußere Umgebung betreffen – diese ist immer ähnlich zu ihren Ursprüngen.
- Volles Entfaltetsein – so wie einzelne Wesen z.B. Reichtum usw. besitzen, entsteht Geburt in verschiedenen Arten von Existenz.
- Bedingungen – wie man in den unterschiedlichen Bereichen geboren wird – der Ursprung verewigt die Wiedergeburt.

Dadurch, daß Ursprung und Wirkung überwunden werden, erreicht man das *Aufhören des Leidens:*
- Aufhören – das Karma und störende Gefühle, die die Ursache für den unreinen Zustand (Leiden) sind, werden beendet.
- Ruhe – Freisein von den 5 Skandhas (Frieden).
- Ausgeglichenheit – Reinheit von störenden Gefühlen und Freude aufgrund der Freiheit von Samsara, ein exzellenter Zustand.
- Völlige Sicherheit – man fällt nicht mehr ins Samsara zurück – definitive Befreiung.

Dazu muß man sich auf die *Wahrheit des Weges* stützen:
- Der authentische, richtige Weg – man ist bereit den richtigen Weg zu gehen und bemüht sich darum, die Bedeutung des Letztendlichen, des Wahrheitszustandes, zu erkennen.
- Wissen – es gibt viele Wege und man soll den Weg genau kennen (auch Unterscheiden der Gegenmittel)- nur durch den richtigen Weg kann man die störenden Gefühle überwinden.
- Anwendung – man entwickelt die richtige Anschauung und überwindet die falschen Anschauungen – man erlangt einen fehlerlosen Geisteszustand.
- Ankommen – Verwirklichen der Frucht, das nichtzusammengesetzte, perfekte Nirvana, Freiheit von Samsara.

19.

DIE ZWÖLF GLIEDER DES ABHÄNGIGEN ENTSTEHENS UND DAS ABHÄNGIGE ENTSTEHEN ALLGEMEIN

Zuerst die *Zwölf Glieder des Abhängigen Entstehens*, die die Hauptpraxis der Pratyekabuddhas im Kleinen Fahrzeug sind:

1. *Unwissenheit:* Das Bewußtsein erkennt sich selbst nicht und ist daher das Tor für störende Gefühle. Es gibt zwei Arten: Unwissenheit gekoppelt mit störenden Gefühlen und subtile Unwissenheit, das Haften an Vorstellungen und Konzepten. Die erstere wird im Zustand der Befreiung überwunden, die zweite bei der Erleuchtung.
2. *Tendenzen:* Durch Handlungen in früheren Leben werden positive, negative oder neutrale Tendenzen angesammelt.
3. *Bewußtsein:* 1. das Basisbewußtsein und die Tendenzen darin, die durch Handlungen entstehen. 2. der herangereifte Aspekt dieses Bewußtseins, der die Dinge entstehen läßt.
4. *Name und Form:* Dies sind Form und die anderen vier Skandhas, nämlich Gefühl, Unterscheidung, Geistesfaktoren und Bewußtsein. Diese vier werden mit einem Namen bezeichnet – da die Person die Basis für das Bezeichnen mit einem Namen ist – daher „Name". Es bezieht sich auch auf das Entwicklungsstadium eines Embryos, auf jenen Punkt im Entwicklungsprozeß, an dem der Körper des neuen Kindes entsteht. Das Geben des Namens be-

zieht sich auf eine äußere Form wie den Körper. Das ist der Grund, warum hier diese beiden, „Name und Form", genommen werden.

5. *Die Ursprünge:* Sinnesorgane und Sinnesfähigkeiten bilden die Tore der Wahrnehmung (wörtliche Übersetzung aus dem Tibetischen).

6. *Kontakt oder Berühren:* Das Sinnesbewußtsein trifft über das Sinnesorgan auf das Objekt. Hier treffen diese drei zusammen, daher „Kontakt". Durch diesen Kontakt, durch die Wahrnehmung von Formen, entsteht Gefühl.

7. *Gefühl:* Man unterscheidet angenehm, unangenehm, und neutral.

8. *Verlangen:* Auf der Basis der Gefühle erlebt man einen starken, schwachen oder neutralen Bezug zu etwas.

9. *Ergreifen:* Es entsteht aus dem Verlangen und bedeutet, daß man sich bemüht, etwas zu bekommen (Nahrung, Kleidung, usw.)

10. *Werden:* Dies ist die Kraft des Karmas, die zur Wiedergeburt führt.

11. *Geburt:* Stunde um Stunde wird man älter.

12. Aus der kontinuierlichen Veränderung und schließlichen Auflösung der Skandhas entstehen *Alter und Tod.* Damit verbunden sind Panikzustände und extremes Leid.

Die zwölf Glieder des Abhängigen Entstehens sind nur ein Teil des gesamten Abhängigen Entstehens. Der Buddha hat im „Reissprößling-Sutra" das Prinzip des Abhängigen Entstehens folgendermaßen erklärt: „Ursachen und Bedingungen führen zu Resultaten."

Von diesen Aspekten des Abhängigen Entstehens bilden die zwölf Glieder die *inneren Ursachen.*

Die *äußeren Ursachen* werden durch die einzelnen Stadien in der Entwicklung einer Pflanze (hier eines Reissprößlings) dargestellt: Same – Blättchen – Sprößling – Stengel – Knospe – Blüte – Frucht.

Die *äußeren Bedingungen* sind die sechs Elemente: Erde – Wasser – Feuer – Wind – Raum – Zeit. Die *inneren Bedingungen* beziehen sich auf den Körper: Erde entspricht der

Materialität des Körpers, Wasser entspricht den Körperflüssigkeiten, Feuer entspricht der Körperwärme, Wind entspricht dem Atem, Raum entspricht den Köperöffnungen, Bewußtsein bildet die Basis für Name und Form.

Das Abhängige Entstehen von Ursachen, Bedingungen und Resultaten hat zusätzlich *fünf charakteristische Qualitäten:*

- Das Abhängige Entstehen ist nicht statisch oder unveränderlich, sondern dynamisch;
- es ist ein fortlaufender Prozeß, ein ständiger Fluß;
- es gibt keine plötzliche Verwandlung, keinen Bruch im Fluß der Geschehnisse;
- kleine Ursachen können große Wirkungen herbeiführen;
- typische Ursachen bringen typische Wirkungen hervor.

Dieses Prinzip des Abhängigen Entstehens ist eine der Hauptbelehrungen des Buddha. Es zeigt, daß alle Phänomene voneinander abhängig sind oder anders ausgedrückt, daß sie leer von unabhängiger Existenz sind. Abhängiges Entstehen und Leerheit sind immer untrennbar.

20.
DIE ZUFLUCHTNAHME

Der Begriff Zuflucht (tib.: kjab dro) bedeutet „Schutz vor Samsara". Buddha, Dharma und Sangha, die Drei Juwelen, sowie Lama, Yidam und Schützer, die Drei Wurzeln, wurden bereits erklärt. Im tibetischen Buddhismus nehmen wir speziell zum Lama Zuflucht, der uns durch Segen, Inspiration und Schutz auf dem Weg hilft.

Hier die eigentliche Zufluchtsformel:
Meister (Lama Karmapa), alle Buddhas und Bodhisattvas, bitte hört mich. Von nun an bis zur Verwirklichung nehme ich Zuflucht zum Buddha, der das Beispiel meiner eigenen Natur ist. Ich nehme Zuflucht zum Dharma, der der Weg zur Befreiung, zur Vervollkommnung dieser Natur ist, und ich nehme Zuflucht zur Sangha, den Gefährten und Führern auf diesem Weg. Alle Buddhas und Bodhisattvas der drei Zeiten und zehn Richtungen, erkennt mich als einen, der Zuflucht sucht beim Dreifachen Juwel zum Wohle aller Wesen.

Wir sagen, daß wir Zuflucht zum Wohle aller fühlenden Wesen nehmen, doch am Anfang können wir ihnen in Wirklichkeit nur auf der relativen Ebene nutzen. Später werden wir es auch auf der absoluten Ebene können, wenn wir Verwirklichung erlangt haben.

Wir müssen unsere Verdunkelungen reinigen und werden so die große Befreiung erlangen, die schon in uns enthalten ist. Es ist die Verwirklichung selbst, die die Kraft in sich enthält, anderen zu helfen. Daher sollte unsere innere Verpflichtung sie zu erlangen, tief empfunden sein.

Symbolisch für diese starke Verpflichtung bringen wir ein Opfer, das Opfer unseres Haares, weil unser Kopf unser wichtigster Körperteil ist und das Haar vom Scheitelpunkt des Kopfes genommen wird. Wenn wir etwas von unserem Haar opfern, so steht das sinnbildlich dafür, daß wir die Handlungen, Worte und Gedanken, also Körper, Rede und Geist dem Weg der Befreiung darbringen. Dann erhalten wir einen neuen Namen, einen Dharma-Namen, der unsere Verbindung mit diesem Weg bestärkt.

Dann die Belehrungen des Großen Fahrzeugs (Mahayana), die der Buddha beim zweiten und dritten Drehen des Dharmarades gelehrt hat:

Das charakteristische Merkmal des Großen Fahrzeugs ist, daß es die Kraft hat, einen zum Zustand der Buddhaschaft hinzuführen. Hier gilt alles, was bereits über das Bodhisattvayana gesagt wurde (siehe Seite 31).

21.
LIEBE UND MITGEFÜHL

Die Basis für den Wunsch, zur Erleuchtung zu kommen, um allen Wesen zu helfen, vom Leiden frei zu werden, ist die Entwicklung von Liebe und Mitgefühl.

Liebe ist der Wunsch, daß alle Wesen glücklich sein mögen.

Mitgefühl ist der Wunsch, daß alle Wesen frei von Leiden sein mögen.

Diese beiden Begriffe werden ausführlich im „Juwelenschmuck der Befreiung" von Gampopa erklärt.

In den Vorbereitenden Übungen heißt es:

Mögen alle Wesen glücklich sein und die Ursache für Glück besitzen. Mögen sie frei von Leiden und den Ursachen des Leidens sein.

Mögen sie niemals von der Glückseligkeit getrennt sein, die von allem Leiden frei ist.

Mögen sie in großem Gleichmut verweilen, frei von Anhaftung an das, was sie mögen und frei von Abneigung gegenüber dem, was sie nicht mögen.

Dies sind die „Vier Unermeßlichen".

22.
DIE VIER UNERMESSLICHEN

Liebe – man sollte unermeßliche Liebe gegenüber allen fühlenden Wesen praktizieren.
Mitgefühl – man sollte unermeßliches Mitgefühl besonders gegenüber dem Feind praktizieren.
Freude – man sollte allen Wesen unermeßliche Freude wünschen, so wie unseren nahen Freunden.
Gleichmut – man sollte unermeßlichen Gleichmut gegenüber Freunden, Feinden und allen, die dazwischen sind, praktizieren.

Die Vier Unermeßlichen entsprechen auf der Mahayanaebene den Vier Edlen Wahrheiten:
1. *Mögen alle Wesen glücklich sein und die Ursache des Glücks besitzen.* Hier wird die Wahrheit des Leidens in den Wunsch nach Glück umgesetzt.
2. *Mögen alle Wesen frei von Leiden und den Ursachen des Leidens sein.* Man hat Mitgefühl mit den Wesen und wünscht ihnen besonders, keine neuen Ursachen für Leiden mehr zu setzen.
3. *Mögen sie niemals von der Glückseligkeit getrennt sein, die von allem Leiden frei ist.* Die höchste Glückseligkeit, die nie mehr vorbeigeht, ist das Aufhören des Leidens.
4. *Mögen sie in großem Gleichmut verweilen, frei von Anhaftung an das, was sie mögen und Abneigung gegenüber dem, was sie nicht mögen.* Hier liegt die Wahrheit des

Weges darin, frei von allen störenden Gefühlen und Konzepten zu werden, die die wahre Natur des Geistes verschleiern.

Auf der Tantraebene werden die Vier Edlen Wahrheiten beispielsweise durch die *vier Arme von Chenrezig* ausgedrückt.

1.+ 2. Die beiden am Herzen zusammengelegten Hände, die den wunscherfüllenden Edelstein des Geistes halten, symbolisieren die Entwicklung des kostbaren Erleuchtungsgeistes zum Wohle aller Wesen, also das Versprechen aufgrund von Liebe und Mitgefühl, alle Wesen vom Leiden und seiner Ursache zu befreien.

3. Die zweite linke Hand hält die geöffnete Lotusblüte als Zeichen, daß Chenrezig die höchsten Qualitäten erlangt hat und frei ist von jeder Art von Leiden.

4. Die Mantrakette (Mala) in der zweiten rechten Hand symbolisiert die Wahrheit des Weges, nämlich das Rezitieren des OM MANI PEME HUNG-Mantras, das alle Wesen aus dem Daseinskreislauf befreit.

Ebenso steht das *Siebenteilige Gebet* mit den Vier Edlen Wahrheiten in Verbindung:

1. Sich Verbeugen vor den Buddhas und Bodhisattvas reinigt Körper, Rede und Geist, besonders aber den Körper, der ja die Basis für unser Leiden ist.

2. Opfern reinigt Anhaftung, Bekennen reinigt alle störenden Gefühle, besonders Aggression, und Sich-Erfreuen am Verdienst aller Wesen reinigt Eifersucht und Neid. So werden die Ursachen für Leiden, die störenden Gefühle überwunden.

3. Die Bitte an die Buddhas und Bodhisattvas, nicht ins Nirvana einzugehen, steht mit dem Aufhören des Leiden in Verbindung, und

4. Das Ersuchen, das Dharmarad des höchsten Fahrzeugs weiterzudrehen, steht mit der Wahrheit des Pfades in Verbindung.

Die Widmung des Verdienstes macht den Verdienst grenzenlos und ist daher eine Methode zur Verwirklichung der höchsten Erleuchtung.

23.

DIE ENTWICKLUNG
DES KOSTBAREN
ERLEUCHTUNGSGEISTES
(BODHICITTA)

Es gibt zwei Arten von Bodhicitta: den Erleuchtungsgeist des Strebens und den der Anwendung.
Der **Erleuchtungsgeist des Strebens** hat fünf Hauptpunkte:
Wir sollten niemals den Geist vor den Wesen verschließen, also keins aus unseren Gedanken ausschließen.
Wir sollten uns immer an den relativen und absoluten Nutzen des Erleuchtungsgeistes erinnern. Dazu gibt es 22 Beispiele, die im Anschluß an die zehn Bodhisattvastufen erklärt werden (siehe Seite 78).
Wir sollten Verdienst und Weisheit ansammeln. Dadurch wird der Erleuchtungsgeist gestärkt und entwickelt.
Wir sollten die Quelle, die Essenz und Handlungsweise der Erleuchteten Geisteseinstellung praktizieren:
• Die Quelle sind die Vier Unermeßlichen Betrachtungen.
• Die Essenz ist das Verlangen nach dem Eintreten in die Erleuchtete Geisteseinstellung und nach der Erleuchtung selbst.
• Die Handlungsweise ist die Widmung aller positiven Dinge an alle Wesen.
Wir sollen die vier schwarzen Dharmas aufgeben und die vier weißen Dharmas praktizieren:
• Den Lehrer zu täuschen. Das Gegenteil ist, nicht zu lügen, selbst wenn es das Leben kostet.
• Jemanden zu veranlassen, etwas zu bedauern, was er

nicht bedauern sollte. Das Gegenteil ist, sich an positiven Handlungen anderer zu erfreuen.

• Die Drei Juwelen oder die Drei Wurzeln zu kritisieren oder das eigene Urteil für das Beste zu halten. Das Gegenteil ist, die Drei Juwelen und die Drei Wurzeln hochzuschätzen und positiv darüber zu sprechen.

• Andere Wesen um des eigenen Vorteils willen zu betrügen. Das Gegenteil ist, selbstlos für andere zu arbeiten.

Der **Erleuchtungsgeist der Anwendung** ist die Praxis der Bodhisattvas: die zehn Paramitas.

24.
DIE ZEHN PARAMITAS

In den meisten Schriften über die Bodhisattvapraxis werden sechs „Befreiende Handlungen" (Paramitas) erklärt. Die sechste befreiende Handlung der Weisheit kann aber auch durch vier weitere Unterteilungen ergänzt werden, wodurch die zehn Paramitas entstehen. *Die zehn Paramitas sind folgende:* Freigebigkeit, Ethik, Geduld und Fleiß, Meditative Konzentration, Unterscheidende Weisheit und Methode, Wunschgebete, Kraft und Urprüngliche Weisheit.

Die Erklärung für die zehn Paramitas ist:
Freigebigkeit bedeutet, die Wesen zu unterstützen und alle Anhaftungen aufzulösen.
Disziplin bedeutet, anderen nicht zu schaden, sondern ihnen zu nutzen, soviel man kann.
Geduld ist Ertragen, besonders wenn einem andere schaden.
Fleiß oder *freudige Anstrengung* bedeutet, daß die Qualitäten anwachsen.
Meditative Konzentration bedeutet, störende Gefühle zu überwinden und die Fähigkeit zu erlangen, andere in den Pfad eintreten zu lassen, andere zum Dharma hinzuführen.
Weisheit bewirkt vollkommene Befreiung.
Methoden entstehen aus der Weisheit und sind vollkommen unerschöpflich.

Wunschgebete bewirken Erfüllung aller Wünsche und das Eintreten in die Welt.

Kraft schafft definitives Verständnis und *Ursprüngliche Weisheit* schafft Gewißheit in bezug auf höchste Freude und vollkommenes Heranreifen (bei einem selbst und bei anderen).

„Spricht man von **sechs Paramitas**, so werden die ersten fünf allein zum Nutzen der sechsten Paramita (Weisheit) vollendet. Diejenigen, die dem Leiden entfliehen wollen, sollten Weisheit entwickeln." *(Bodhicarjavatara von Shantideva)*
Alle Paramitas sollen immer entsprechend den eigenen Fähigkeiten angewandt werden. Man gewöhnt sich langsam daran und trainiert weiter bis zur Vollkommenheit.

Dazu einige Begriffe aus dem Tibetischen:
Lo – Intelligenz, *rig pa* – Wissen/Bewußtheit, *she rab* – Unterscheidende Weisheit, *dzä pa* – Logik, *ye she* – Urprüngliche Weisheit, (*ye nä* – von Anfang an, ursprünglich, *she* – Weisheit).

25.
Die Fünf Wege

Der gesamte Weg zur Erleuchtung kann in **fünf Wege** unterteilt werden. Hierbei gibt es in den unterschiedlichen Traditionen verschiedene Definitionen für die Wege.

Im Lankavatara-Sutra gibt es folgende fünf Wege:
Den Pfad der Weltlinge, des Brahma, der Sravakas, Pratyekabuddhas und Bodhisattvas. Hier wird gesagt, daß die Vier Siegel das Heilmittel sind gegen die Begrenzungen der Existenz (im Götterbereich von Brahma usw.)

Im weltlichen Pfad unterscheidet man zwei Wege, nämlich den Pfad der Götter und Menschen und den Pfad des Brahma.

Allgemein ist die *gebräuchlichste Einteilung* folgende:
1. Der Pfad der Ansammlung,
2. der Pfad der Verbindung,
3. der Pfad des Sehens,
4. der Pfad der Meditation,
5. der Pfad des Nicht-mehr-Lernens.

26.

DIE SIEBENUNDDREISSIG ERLEUCHTUNGSFAKTOREN

Geht man aber ins Detail, so werden die fünf Wege in 37 einzelne Stufen unterteilt, welche die „37 Faktoren der Erleuchtung" genannt werden.

1.

Der **Pfad der Ansammlung** besteht aus einem kleinen, mittleren und großen Teil.

Der <u>kleine Pfad der Ansammlung</u> besteht aus den vier Arten der Achtsamkeit:

• Die Achtsamkeit auf den Körper.
• Die Achtsamkeit auf die Gefühle.
• Die Achtsamkeit auf den Geist.
• Die Achtsamkeit auf die Phänomene.

Am Anfang brauchen die Wesen allgemeine und spezifische Gegenmittel gegen Anhaftung:

Den Körper zu beobachten, indem man auf die acht Arten von Gedanken meditiert, beispielsweise den Körper als ein Skelett zu sehen usw.

Zu denken, daß die störenden Gefühle Leiden sind, essenzlos wie ein Bananenbaum.

Die Gedanken beim Atem zu halten und die Selbstlosigkeit sowie die letztendliche Bedeutung durch Shine- und Lhaktong-Meditation (Geistesruhe und höhere Einsicht) zu verstehen.

Alle (51) Geistesfaktoren und alle Bewußtseinsarten sind illusionsgleich. Ohne Bewußtsein gäbe es keine Anhaftung, d.h. keine Geistesfaktoren. Daraus gehen die Phänomene hervor.

Hier wird gleichzeitig gezeigt, wie die vier Achtsamkeiten der Anhaftung an die fünf Skandhas entgegenwirken. So lenkt man seine Achtsamkeit auf die vier Aspekte von Körper, Gefühlen, Gedanken und äußeren Phänomenen. Indem man sie durch Weisheit analysiert und indem man in dieser Weise auf dem kleinen Pfad der Ansammlung meditiert, versteht man die Vier Edlen Wahrheiten. (siehe auch Bodhicarjavatara, 9.Kapitel)

Im Madhyanta Vibhaga (Utanamdje) 4.Kap. 1. Satz wird die Begründung gegeben, *warum die Vier Achtsamkeiten den Vier Edlen Wahrheiten entsprechen:*

„Weil man eine negative Basis angenommen hat", den Körper – denn der Körper ist die Basis des Leidens – entspricht diese Achtsamkeit der Wahrheit des Leidens.

„Weil man Begierde hat", hat man störende Gefühle – und die Gefühle sind der Ursprung des Leidens.

„Weil der Geist die Basis ist für den Glauben an ein wahrhaft existierendes Selbst", deswegen sind auch die Gedanken das Aufhören des Leidens, wenn man ihre Natur erkennt. Im Guru Yoga des Ngöndro wird dies folgendermaßen ausgedrückt: „Gib deinen Segen, daß ich meinen Geist als ungeboren erkenne" (tib.: rang sem kye me togpar djin gji lob).

„Weil man nicht mehr unwissend ist in Bezug auf die Phänomene", das heißt man weiß, was aufzugeben ist und was zu praktizieren ist. Deshalb entspricht das Erkennen der Phänomene demPfad der Wahrheit des Weges.

Damit haben wir auch eine *direkte Entsprechung zu den Vier Siegeln:*
Alles Zusammengesetzte ist vergänglich. Jede physische Form, die aus den Aggregaten zusammengesetzt ist, ist vom Leiden betroffen, speziell vom Leiden des Zusammengesetztseins.

Alles Befleckte ist leidhaft. Die Befleckungen, die störenden Gefühle, sind die Ursache des Leidens.

Einzig Nirvana ist Friede und Befreiung. Dies entspricht der Wahrheit vom Aufhören des Leidens.

Alle Phänomene von Samsara und Nirvana sind leer und ohne ein Selbst. Wie wir vorher gesehen haben, ist die Achtsamkeit auf die Phänomene der Pfad, die Wahrheit des Weges.

Nun werden die 37 Erleuchtungsfaktoren fortgesetzt. Der nächste Teil ist der mittlere Pfad der Ansammlung: Hier gibt es die *Vier Arten des perfekten Aufgebens:*
Nicht entstehen lassen, was noch nicht entstanden ist – nämlich negative Handlungen.

Das Aufgeben dessen, was schon entstanden ist – also alle negativen Handlungen, die man schon getan hat, soll man in der Zukunft nicht wieder tun.

Entstehen lassen dessen, was noch nicht entstanden ist – nämlich positive Handlungen.

Vermehren, was entstanden ist – also positive Handlungen anwachsen lassen.

Kurz: „Laß negative Handlungen nicht entstehen. Wenn sie schon entstanden sind, gib sie auf – mit positiven Handlungen tue das Gegenteil."

Der große Pfad der Ansammlung besteht aus den „*Vier wunderbaren Füßen*":
Der wunderbare Fuß des Strebens oder der Hinwendung zum Dharma,
der wunderbare Fuß des Fleißes,
der wunderbare Fuß des einsgerichteten Geisteszustandes,
der wunderbare Fuß der Analyse.

Es sind vier Arten von Samadhi die aufeinander aufbauen: „Wenn du den Samadhi des Strebens, aufgebaut auf Fleiß, entwickelt hast, erreichst du einen einsgerichteten Geisteszustand; ebenso wenn du den Samadhi entwickelt hast, der die Belehrungen analysiert."

Für die Praxis des Samadhi ist es wichtig, den Körper frei

von weltlicher Aktivität zu halten und den Geist frei von
Anhaftung an Gedanken.

2.

Der **Pfad der Verbindung** hat zweimal fünf Unterpunkte:
Die fünf Fähigkeiten und die fünf Kräfte von Vertrauen, Fleiß,
Achtsamkeit, meditativer Konzentration und Weisheit.
Die fünf Fähigkeiten lassen als Resultat das definitiv Gute
entstehen – den Menschen- und Götterbereich, sowie vollkommene Befreiung.
Die fünf Kräfte lassen die fünf Fähigkeiten anwachsen und
verhindern ihr Gegenteil – die fünf Fehler von Vertrauenslosigkeit usw.

Vertrauen bedeutet, in der Meditation Gewißheit in bezug
auf die Vier Edlen Wahrheiten zu entwickeln, nämlich was
man wissen muß und was man aufgeben muß.
Mit Fleiß zu praktizieren bedeutet, Freude zu haben, um die
Soheit der Vier Edlen Wahrheiten zu erkennen.
Mit Achtsamkeit zu praktizieren heißt, die Aspekte des Objektes der Konzentration nicht zu vergessen, was einem
ermöglicht die Soheit der Vier Edlen Wahrheiten, die letztendliche Wahrheit, zu realisieren.
Konzentration (Samadhi) bedeutet, Einsgerichtetheit des Geistes zu praktizieren.
Weisheit (tib.: sherab) bedeutet, in der Praxis einzeln die
Aspekte der Vier Edlen Wahrheiten (im Hinayana) zu ana-
lysieren und einzeln die Aspekte der Leerheit (im Mahayana) zu unterscheiden.

Der Originalvers aus dem „Schatz des Wissens", der den
Pfad der Verbindung erklärt, setzt schon vorher beim großen Pfad der Ansammlung an:
„ *Der Samadhi der Hinwendung, des Fleißes, der Einsgerichtetheit des Geistes und der Analyse, die vier Teile des*

67

Pfades, die definitives Verständnis herbeiführen, verbinden mit den 16 Aspekten der Vier Edlen Wahrheiten (auf dem Weg des Sehens), indem man zweimal Vertrauen, Fleiß, Achtsamkeit, meditative Konzentration und Weisheit anwendet." Das erste Mal wendet man es bei den fünf Fähigkeiten an, das zweite Mal bei den fünf Kräften. Während man die fünf Fähigkeiten erlangt, durchläuft man gleichzeitig die beiden Stufen „Hitze und Gipfel", und bei den fünf Kräften die beiden Stufen „Geduld und höchstes weltliches Dharma".

Die erste dieser Stufen heißt *„Wärme oder Hitze"*. Gegenstände, die aneinander gerieben werden, erzeugen große Wärme. Ebenso kommt man näher an den Weg des Sehens.

Die zweite Stufe ist *„Gipfel"*. Es gibt viele positive Handlungen. Hier wird der Gipfel all dieser positiven Handlungen erreicht.

Die dritte Stufe heißt *„Geduld"*. Hier ist gemeint, daß man Erklärungen über die Wirklichkeit wie z.B. Lhagtong-Belehrungen immer gleich erlebt. Man ist stabil und es gibt keine Unsicherheit mehr. Man hat vollkommene Geduld in Bezug auf das Hören über Leerheit usw.

Die vierte Stufe, *„höchstes weltliches Dharma"*; bedeutet, daß es nichts gibt, was in weltlicher Hinsicht noch verdienstvoller wäre.

Durch die Verwirklichung der fünf Fähigkeiten und der fünf Kräfte wird die Verbindung zu den 16 Aspekten der Vier Edlen Wahrheiten hergestellt. Diese wurden bereits unter dem Begriff „charakteristische Merkmale der Vier Edlen Wahrheiten" erklärt.

3.

Im Mahayana werden auf dem **Pfad des Sehens** *die 16 Aspekte in einem einsgerichteten Samadhi durchlaufen,* weil die Erkenntnis der grundlegenden Leerheit nicht in einzelne Aspekte zu trennen ist. Durch die Meditation über diese 16 Momente werden „die *sieben Zweige auf dem Weg des Sehens"* erlangt. Es sind folgende Qualitäten: Achtsamkeit, unterscheidende Weisheit, Fleiß, Freude, Gewöhnung, meditative Konzentration und Ausgeglichenheit. Dazu die Definitionen:

Achtsamkeit bedeutet, auf diesem Pfad nicht das Objekt der Meditation zu vergessen, das Objekt des Pfades des Sehens.

Das vollkommene *Unterscheiden der Phänomene* bedeutet, die Soheit der Phänomene zu verstehen. Dies ist die Essenz des Pfades des Sehens.

Vollkommener *Fleiß* bedeutet, Freude an positivem Handeln zu haben. Man beseitigt alles Leidenund erlangt Gewißheit.

Vollkommene *Freude* ist unbefleckte Freude, die Nutzen für Körper und Geist bringt.

Vollkommene *Gewöhnung* oder Flexibilität bedeutet, daß Körper und Geist arbeitsfähig werden.

Vollkommene *meditative Konzentration (Samadhi)* ist Einsgerichtetheit des Geistes, das Freisein von störenden Gefühlen.

Vollkommene *Ausgeglichenheit* heißt, niemals aus dem Gleichgewicht zu geraten, indem man entweder dumpf oder zu erregt ist. Das bedeutet, von Natur aus von störenden Gefühlen frei zu sein.

4.

Dann folgt der **Pfad der Meditation**. Die Erkenntnis der Natur des Geistes, die man auf dem Pfad des Sehens erlangt hat, wird hier vertieft. Man spricht auf diesem Weg vom *Achtfachen Pfad der Edlen:* Rechte Sichtweise, rechte Erkenntnis, rechte Sprache, rechtes Handeln, rechte Lebensweise, rechte Anstrengung, rechte Achtsamkeit, rechte meditative Konzentration (Samadhi).

Rechte Sichtweise heißt, daß man verstanden hat, warum man in meditativer Ausgeglichenheit verweilt, und diese Erkenntnis hilft einem, die Dinge in der Nachmeditationsphase voneinander zu unterscheiden (Unterscheidung von relativer und absoluter Wahrheit).

Weil man die rechte Sichtweise hat, hat man auch die *rechte Erkenntnis*, das heißt, man weiß, was man sagen und wie man sich verhalten muß. Man erkennt die Natur des Geistes.

Aus dem richtigen Verständnis heraus entsteht die *rechte Rede*. Man weiß, was man anderen sagen oder anderen gegenüber ausdrücken kann. Man hat immer die richtige Motivation.

Rechtes Handeln bedeutet, daß jede Art von Negativität gestoppt wird.

Rechte Lebensweise heißt, ein reines Verhalten zu praktizieren, nicht zu lügen oder zu stehlen usw. Als Folge davon wird die Sinneswahrnehmung als rein erlebt.

Rechte Anstrengung bedeutet, daß man weiß, was man aufgeben muß und immer das richtige Gegenmittel anwenden kann.

Rechte Achtsamkeit bedeutet, daß man das Objekt der Konzentration nicht vergißt, daß man im Samadhi bleibt und in der richtigen Weise analysiert.

Rechte meditative Konzentration (Samadhi) heißt, spezifische Hindernisse zu überwinden und die richtige Konzentration zu praktizieren. Dabei läßt man spezielle Qualitäten anwachsen, wie z.B. die fünf übersinnlichen Wahrnehmungen.

Damit sind die 37 Faktoren der Erleuchtung beendet (12 + 10 + 7 + 8). Sie werden ausführlich im „Uta nam dje" von Maitreya/Asangha, speziell im 4.Kapitel, erklärt.

5.

Zuletzt kommt der **Pfad des Nicht-mehr-Lernens**. Hiermit ist die Verwirklichung der vollkommenen Buddhaschaft gemeint.

27.

DIE SECHS ÜBERSINNLICHEN WAHRNEHMUNGEN

Das *Wissen von Wundern* erlaubt einem, die Elemente umzuwandeln, zu fliegen, auf dem Wasser zu gehen usw. Das *Wissen des göttlichen Auges* ermöglicht Sehen auf große Entfernung und das Wissen um die zukünftige Wiedergeburt der Wesen.

Das *Wissen des göttlichen Ohres* ermöglicht einem, Klänge auf große Entfernung zu hören.

Das *Wissen von den Gedanken* anderer erlaubt einem, die bewußten und unbewußten Gedanken der Wesen zu verstehen.

Das *Wissen der Erinnerung* an vergangene Leben ermöglicht, sich an die Kette der Wiedergeburten und die Ereignisse früherer Leben zu erinnern.

Das *Wissen von der Auflösung* der Schleier kennt alle Schleier und Verdunklungen, die auf dem „Pfad des Sehens" und dem „Pfad der Meditation" aufgegeben werden müssen.

28.

Die Zehn

Bodhisattvastufen

Die Praxis auf dem Weg des Sehens und der Meditation geschieht, indem man die *zehn Bodhisattvastufen* durchläuft. Die Stufen heißen:
1. die Freudvolle,
2. die Fleckenlose,
3. die Erhellende,
4. die Ausstrahlende,
5. die schwer zu Reinigende,
6. die, auf der offenbar wird,
7. die Weitreichende,
8. die Unerschütterliche,
9. die mit guter unterscheidender Weisheit,
10. die Wolke des Dharma.

Dazu die Definitionen (gegeben in Übereinstimmung mit der Bodhisattvabhumisutra):
1. Wenn man Dharmata, die wahre Natur gesehen hat, welche man vorher noch nicht wahrnehmen konnte, und erkennt, daß man nahe an der höchsten Erleuchtung ist, was großen Nutzen für einen selbst bedeutet, und zur selben Zeit sieht, daß man anderen nutzen kann durch die großen Wellen der Aktivität für andere, so macht einen das sehr glücklich. Das ist der Grund, warum die erste Stufe *die Freudvolle* genannt wird. *Hier wird die befreiende Handlung der Freigebigkeit vollendet.*

2. *Die Fleckenlose* trägt diesen Namen, weil man reines ethisches Verhalten einhält und weil diese Stufe unbefleckt ist vom Denken eines Praktizierenden des Kleinen Fahrzeugs. Die Motivation ist ausschließlich auf andere ausgerichtet. *Hier wird die befreiende Handlung der Disziplin (Ethik) vollendet.*

3. Durch die Kraft der meditativen Konzentration suchen die Bodhisattvas nach unermeßlichen Dharmabelehrungen und zeigen ebenso große Erscheinungen für andere. Daher ist der Name der Stufe *die Erhellende*. *Hier wird die befreiende Handlung der Geduld vollendet.*

4. *Die Ausstrahlende* heißt so, weil hier die zwei Schleier durch das Feuer der Weisheit verbrannt werden, um zur Erleuchtung zu gelangen. Nach dem Abhidharma sind diese zwei Schleier fünf Arten von falschen Sichtweisen, sechs Haupt- und 22 Nebenstörungen. *Hier wird die befreiende Handlung des Fleißes vollendet.*

5. *Die schwer zu Reinigende* trägt den Namen, weil die Bodhisattvas zwei Dinge verwirklicht haben, die schwer zu reinigen sind, nämlich ihren eigenen Geist und den Bereich der fühlenden Wesen (indem sie zum Beispiel die Wesen bei der Praxis im Geist halten usw). *Hier wird die befreiende Handlung der meditativen Konzentration vollendet.*

6. *Die, auf der offenbar wird,* trägt den Namen, weil die Bodhisattvas, gegründet auf den Prajnaparamita-Belehrungen, den höchsten Weisheitsbelehrungen, die Gleichheit von Samsara und Nirvana manifestiert haben, denn sie haben die Mutter der Weisheit (Prajnaparamita) realisiert. *Hier wird die befreiende Handlung der Weisheit vollendet.*

7. *Die Weitreichende* heißt so, weil man, um die achte Stufe zu erreichen und eine Verbindung zu ihr herzustellen, auf dem einzig möglichen Weg reist, auf dem es keinen Unterschied mehr zwischen Sutras und Tantras gibt, und weil man die Grenze der Bemühung erreicht, das heißt jede Anstrengung zu einem Ende gebracht hat. *Hier wird die befreiende Handlung der Methode vollendet.*

8. *Die Unerschütterliche* wird so genannt, weil man nicht

mehr von den beiden Arten von Konzepten bewegt wird, die eine Anstrengung mit charakteristischen Merkmalen und ohne charakteristische Merkmale sind. Die Bodhisattvas haben das Bewußtsein weitgehend in Weisheit umgewandelt. *Hier wird die befreiende Handlung der Wunschgebete vollendet.*

9. *Die mit guter unterscheidender Weisheit* trägt den Namen, weil die Bodhisattvas die gute Intelligenz der vier Arten von individuellem, korrektem Wissen erlangt haben, nämlich von den Phänomenen, ihrer Bedeutung, von definitiven Worten (Sprachen usw.) und von Vertrauen (das alle Zweifel beseitigt). Sie haben Macht über die veränderlichen Zustände des Geistes, über ihre Sinnesfähigkeiten und über die Bereiche. Sie haben die vollkommene Macht der grundlegenden Weisheit erlangt. *Hier wird die befreiende Handlung der Kraft vollendet.*

10. Sie wird *Dharmawolke* genannt, da die Bodhisattvas nach der neunten Stufe die verschiedenen Samadhis und Tore der Mantras vom Buddha bekommen, die wie Wolken sind und ebenso unermeßliche raumgleiche Dharmabelehrungen, die alles durchdringen. Sie können sich frei zum Nutzen der Wesen manifestieren. *Hier wird die befreiende Handlung der Bewußtheit vollendet.*

Bodhisattva (tib.: djang chub sempa) heißt wörtlich übersetzt *„Held des gereinigten und entfalteten Geistes".* Er ist ein Held, weil er nicht abgeschreckt wird
• durch die Länge des Samsara
• durch die Schwierigkeit der Aufgabe
• durch die unermeßliche Anzahl der fühlenden Wesen.

29.

DIE ZEHN KRÄFTE
DER BODHISATTVAS

Bodhisattvas, speziell von der achten bis zur zehnten Stufe, verfügen über zehn besondere Kräfte:

Die Kraft über die Lebensspanne: Es ist die Fähigkeit, jede Existenz nach freiem Willen zu erhalten und darin zu verweilen.

Die Kraft über den Geist: Dies ist die Fähigkeit, in jedem gewünschten Meditationszustand zu verweilen.

Die Kraft über die Lebensnotwendigkeiten der Wesen: Bodhisattvas können auf alle Wesen Reichtümer, Nahrung usw. herabströmen lassen.

Die Kraft über das Karma: Dies ist die Fähigkeit, andere zu inspirieren, gutes Karma anzusammeln;und sie können das schlechte Karma der Wesen umwandeln, wenn diese dafür offen sind.

Die Kraft über die Geburt: Sie können im Begierdebereich geboren werden, ohne durch Unreinheiten befleckt zu werden, indem sie in Meditation verweilen.

Die Kraft der Bestrebung: Dies bedeutet, daß sie durch Bestrebung die beiden Arten des Nutzens erfüllen – den Nutzen für sich selbst und den Nutzen für andere.

Die Kraft ihrer Wunschgebete: Ihre Gebete und Wünsche erfüllen sich.

Die Kraft Wunder zu wirken: Sie können zahllose Wunder zum Nutzen der fühlenden Wesen zeigen.

Die Kraft des Dharma: Es ist die Fähigkeit, den Dharma so

zu lehren, daß alle Wesen der 360 Sprachen und vier Denkstrukturen durch eine einzige Belehrung vollständig befriedigt werden.

Die Kraft der ursprünglichen Weisheit: Dies bedeutet, daß sie vollständig die wahre Bedeutung aller Phänomene kennen.

Diese Kräfte entwicklen sich von Stufe zu Stufe und gehen bei einem Buddha über alle Beschreibungen hinaus.

30.

Die zweiundzwanzig Arten des Entstehenlassens der Erleuchteten Geisteseinstellung

Maitreya hat im Abhisamayaalankara in Verbindung mit den Prajnaparamita-Belehrungen diese *22 Unterscheidungen gegeben, die den ganzen Weg – vom Weg der Ansammlung bis zur Buddhaschaft – beschreiben.*
Die Entwicklung der Erleuchteten Geisteseinstellung ist so wie

1. *die Erde* – sie ist die Grundlage für alle weißen Dharmas, alle positiven Handlungen.
2. *Gold* – wenn man sie einmal entwickelt hat, bleibt sie unveränderlich beständig wie pures Gold.
3. *der anwachsende Mond* – sie ist die Wurzel für das Anwachsen der positiven Eigenschaften. Alles Positive vertieft sich mehr und mehr.

Diese 3 Stufen entstehen allmählich auf dem kleinen, mittleren und großen Weg der Ansammlung.

4. *Feuer* – so wie Feuer alles Holz verbrennt, so verbrennt die Erleuchtete Geisteseinstellung alle Verdunkelungen und es entsteht Einsicht in die Natur der Wirklichkeit (auf dem Weg der Verbindung).
5. *ein Schatz* – man konzentriert sich ganz auf das Geben. Man gibt in unerschöpflichem Ausmaß, so wie ein Schatz unerschöpflich ist (auf der ersten Bodhisattvastufe).
6. *eine Juwelenquelle* – Reichtum und angenehme Zustände sind möglich. Die Quelle dafür ist vollkommene Disziplin in Samsara und Nirvana. Hier wird hauptsächlich

die Disziplin geübt, daher der Name (auf der zweiten Bodhisattvastufe).

7. *der Ozean* – hier liegt der Schwerpunkt auf Geduld. Ein ausgeglichener Zustand wird erreicht, gleich welche Schwierigkeiten entstehen (auf der dritten Bodhisattvastufe).

8. *ein Vajra* (Diamantzepter) – hier liegt der Schwerpunkt auf Fleiß. Man erlangt ein unerschütterliches Vertrauen in das Erlangen der Buddhaschaft und eine unermüdliche, unerschütterliche Praxis (auf der vierten Bodhisattvastufe).

9. *der König der Berge* – hier liegt der Schwerpunkt auf Meditation. So wie ein Berg nicht vom Sturm geschüttelt wird, so stabil und unerschütterlich ist die Meditation (auf der fünften Bodhisattvastufe).

10. *eine Arznei* – hier liegt der Schwerpunkt auf der Entwicklung von Weisheit. Es wird die Lhaktong-Einsicht erlangt und den Verdunkelungen und Konzepten wie durch eine Arznei entgegengewirkt (auf der sechsten Bodhisattvastufe).

11. *ein spiritueller Freund* – hier liegt der Schwerpunkt auf den Methoden. Es wird unmöglich, Wesen aus dem Geist auszuschließen, vielmehr hilft man ihnen, immer ihren Bedürfnissen entsprechend (auf der siebten Bodhisattvastufe).

12. *ein wunscherfüllendes Juwel* – die Kraft der Wünsche wird vervollkommnet. Man kann alles so verwirklichen, wie man es sich denkt, die Wünsche erfüllen sich (auf der achten Bodhisattvastufe).

13. *die Sonne* – die Kraft oder Fähigkeit wird verwirklicht wie die Sonne, die alles wachsen läßt. Es ist die Kraft, wirklich den Nutzen der Wesen bewirken zu können (auf der neunten Bodhisattvastufe).

14. *Gesang* – Vervollkommnung der Paramita der ursprünglichen Weisheit. Die Bodhisattvas können so Belehrungen geben, daß es für alle Schüler angenehm zu hören ist (auf der zehnten Bodhisattvastufe).

15. *ein König* – die Kräfte und die Fähigkeiten sind vollkom-

men. Man ist wie ein mächtiger König, der die Fähigkeit hat, alles zu tun, was er sich vorstellt.

16. *ein Schatzmeister* – die Ansammlung von Verdienst und Weisheit geschieht gleichzeitig. Da sie in so großem Ausmaß vorhanden sind, besitzt man diesen Schatz wie ein Schatzmeister.

17. *eine große Straße* – der große Weg, den alle Buddhas gegangen sind. Man nähert sich mehr und mehr der Erleuchtung.

18. *eine jugendliche Person* – die Entwicklung von Mitgefühl und durchdringendem Gewahrsein. Man fällt weder in das Extrem von Samsara noch in das Extrem von Nirvana durch die Verbindung von diesen beiden, so wie eine jugendliche Person weder Mann noch Frau ist.

19. *eine Wasserquelle* – Bodhisattvas auf dieser Stufe lehren den Dharma unerschöpflich. Sie können die Mahayanalehren in ihrer ganzen Reichhaltigkeit mit völliger Selbstsicherheit lehren.

Diese 5 letzteren Fähigkeiten werden auf den reinen Bodhisattvastufen, der achten bis zehnten Bodhisattvastufe, erlangt. Bei der Buddhaschaft gibt es keine Unterscheidungen über das Ausmaß, aber es gibt Unterscheidungen in Bezug auf die Verwirklichung, die vollkommene Aufgabe und die vollkommene Erlangung.

Die Erleuchtete Geisteseinstellung ist wie:

20. *schöne Musik* – es gibt 60 Qualitäten der Rede eines Buddha. Die Belehrungen sind äußerst angenehm.

21. *die Kontinuität eines Flusses* – es gibt keinen Unterschied, ob ein Weg zur eigenen Befreiung führt oder zur Befreiung der Wesen, alles ist zu einem Strom zusammengeflossen.

22. *Wolke* – der Wahrheitszustand (Dharmakaya) ist verwirklicht und alle Schleier sind abgezogen. Man hat die Fähigkeit erlangt, spontan zum Wohl aller Wesen zu handeln.

Die drei letzteren beziehen sich auf die vollkommene Buddhaschaft. Alle 22 Qualitäten entstehen stufenweise.

31.

Die Drei Körper (Kayas) eines Buddha

Die Frucht des Bodhisattvayana sind *die drei Kayas* eines Buddha:
1. der *Dharmakaya* oder Wahrheitszustand,
2. der *Sambhogakaya* oder Freudenzustand und
3. der *Nirmanakaya* oder Ausstrahlungszustand.

Innerhalb der Belehrungen des Großen Fahrzeugs (Mahayana) hat der Buddha beim dritten Drehen des Dharmarades (siehe Seite 22) die allen fühlenden Wesen innewohnende Buddhanatur erklärt. Die Manifestationen der perfekten Eigenschaften der Buddhanatur sind die drei Körper eines Buddhas.

Der Buddhazustand ist jenseits von allen charakteristischen Merkmalen und Ausdrucksmöglichkeiten. Um sich ihm aber annähern zu können, werden zu jedem Buddhakörper bestimmte perfekte Eigenschaften erklärt, die in der Natur unseres Geistes, der Buddhanatur, schon enthalten sind. Sie sind nichts Geschaffenes, neu Entstandenes, sondern sie drücken den natürlichen Zustand unseres Geistes, die offene, klare Unbegrenztheit, frei von allen Schleiern und Verdunklungen, aus. Es sind nur die oberflächlichen Schleier, die uns davon abhalten, unsere wahre Natur, die Buddhanatur, zu erkennen.

Je nachdem, ob die Schleier noch gar nicht, zu einem Teil oder bereits vollständig gereinigt sind, spricht man von *drei*

Zuständen der Buddhanatur:
- vom *unreinen Zustand,* dem Zustand gewöhnlicher Wesen,
- vom *sowohl unreinen als auch reinen Zustand,* dem der Bodhisattvas
- vom *vollkommen reinen Zustand,* dem Zustand der Buddhas.

Die Natur unseres Geistes bleibt aber durch alle drei Zustände hindurch immer die unveränderliche Buddhanatur, die jenseits von Entstehen, Verweilen und Vergehen ist und schon alle perfekten Qualitäten der Erleuchtung enthält. Dies wird mit dem Raum verglichen, der alle Formen durchdringt, gleich ob sie von geringer, mittlerer oder höchster Qualität sind. Der Raum bleibt immer gleich, ob er nun in einem Gefäß aus Ton, Kupfer oder Gold ist.

Da die Schleier des Geistes nur vorübergehend sind und seine Qualitäten Teil seiner Natur , bleibt das unveränderliche reine Sein gleich. Durch Hören, Nachdenken und Meditieren ist es möglich, alle Schleier zu reinigen und die Buddhaschaft, ausgestattet mit all den perfekten Qualitäten, zu verwirklichen.

32.

DIE ACHT QUALITÄTEN DES DHARMAKAYA

Der Wahrheitszustand (skr. Dharmakaya) oder auch Raum der Phänomene (skr. Dharmadhatu) besitzt all die unbefleckten Qualitäten. Er ist der Körper, der als Basis dient für die zwei Arten der Reinheit – Dharmata, die wahre Natur. Gleichheit, Tiefgründigkeit, Unvergänglichkeit, Einheit, Wahrhaftigkeit, Reinheit, Klares Licht und die Verbindung zum Sambhogakaya sind seine *acht Qualitäten:*

1. Alle Buddhas sind gleich, da es in Bezug auf den Dharmakaya keinen Unterschied gibt.

2. Er ist tiefgründig, da er, weil frei von geistigen Fabrikationen, schwer zu realisieren ist.

3. Er ist unvergänglich, da er nicht zusammengesetzt ist, frei von den drei Zeiten, von Entstehen, Verweilen und Vergehen.

4. Er ist einer, da der Bereich und die Weisheit nicht getrennt sind und er unteilbar ist.

5. Er ist wahrhaftig, da er ohne Fehler ist und jenseits der Extreme von Existenz und Nichtexistenz.

6. Er ist rein, da er frei ist von den Unreinheiten der drei Schleier.

7. Er ist Klares Licht, da er sich in nicht-konzeptioneller Weise auf die nicht-konzeptionelle Soheit ausrichtet.

8. Er ist mit der vollkommenen Freude verbunden, da der Dharmakaya die Basis für den Sambhogakaya ist, der von Natur aus große Qualitäten hat.

33.
DIE ACHT QUALITÄTEN DES SAMBHOGAKAYA

Im Sambhogakaya – Bereich von Tugpo kö (Akanishta), ausgestattet mit den Haupt- und Nebenmerkmalen, erfreuen sich die Edlen am ununterbrochenen Strom des Mahayana. Umgebung und Bereich, Körper, charakteristische Merkmale, Dharma und Aktivität, Spontaneität und ohne Eigennatur zu sein – dies sind die *acht Charakteristiken:*

1. Nur Bodhisattvas, die auf den zehn Stufen sind, erfahren die gleiche Umgebung wie der Sambhogakaya.
2. Der einzige Ort des Sich Erfreuens ist „Ogmin tugpo kö", das vollkommen ausgestattete Akanishta.
3. Sambhogakayas sind in ihrer Körperform wie Vairocana usw.
4. Ihre Zeichen sind die 32 Haupt- und 80 Nebenmerkmale.
5. Man erfreut sich dort einzig an Mahayana-Belehrungen.
6 Was sind ihre Aktivitäten? Sie machen Prophezeihungen usw.
7. Ihre Spontaneität bedeutet, daß all ihre Aktivität anstrengungslos ist und spontan entsteht, wie ein wunscherfüllender Juwel spontan alle Wünsche erfüllt.
8. Obwohl sie in verschiedenen Körpern erscheinen, sind sie doch wie Regenbögen und man kann sie nicht ergreifen.

34.
DIE ACHT QUALITÄTEN
DES NIRMANAKAYA

Der Nirmanakaya nutzt den Wesen durch verschiedene Ausstrahlungen, solange Samsara existiert. Grundlage, Ursache, Bereich, Zeit, Natur, Eintretenlassen, Heranreifen und Befreien sind die *acht Merkmale*:

1. Er ist eine Stütze und ist eigentlich der unveränderliche Dharmakaya.
2. Der Grund für sein Dasein ist der Nutzen für alle fühlenden Wesen, und die Ursache für sein Entstehen ist Großes Mitgefühl.
3. Für den Nirmanakaya gibt es verschiedene reine und unreine Bereiche.
4. Die Zeit ist, solange Samsara existiert.
5. Die Natur seiner Manifestation kann dreifach sein – als Experte oder Helfer, als geborener Nirmanakaya und als höchster Nirmanakaya, der die Erleuchtung zeigt wie z.B. Buddha Shakyamuni.
6. Er läßt die Wesen entsprechend ihrer Kapazität als gewöhnliche weltliche Wesen in den Dharma eintreten und nach den drei Arten von Nirvana streben.
7. Er läßt diejenigen heranreifen, die in den Pfad eingetreten sind, und macht diejenigen vollkommen reif, die zur Edlen Sangha gehören.
8. Er befreit jene vollkommen, die, nachdem sie durch tugendhaftes Handeln reif geworden sind, schon von den

Fesseln der bedingten Existenz befreit sind.
Dazu einige Definitionen:
Spricht man von zwei Kayas, so sind es *Dharmakaya* und *Formkaya*, wobei im Formkaya Sambhogakaya und Nirmanakaya enthalten sind.

Spricht man von drei Kayas, so sind es *Dharmakaya, Sambhogakaya* und *Nirmanakaya*.

Spricht man von vier Kayas, so werden *Svabhavikakaya (Essenzkörper)* und *Dharmakaya* noch einmal unterschieden. Dieser Unterschied ist nur ein Unterschied in der Sichtweise. Beim Svabhavikakaya betont man die beiden Reinheiten: die Reinheit von Natur aus und die Reinheit von allen Befleckungen. Beim Dharmakaya betont man die beiden Weisheiten: die Weisheit, wie die Dinge sind und die Weisheit, wie sie erscheinen. Dharmata (chö nyi), die Soheit und Dharmadhatu (deshin nyi), der Weisheitsraum, sind dasselbe.

Der Begriff *Dharmakaya* bezieht sich darauf, daß die Buddhaqualitäten nicht vom grundlegenden Element verschieden sind.

Der Begriff *Tathagata* bezieht sich auf das Erlangen der grundlegenden Natur so wie sie ist.

Der Begriff *Absolute Wahrheit* bezieht sich auf die innewohnende Natur, die unfehlbar und frei von Täuschung ist.

Der Begriff *Nirvana* bezieht sich auf einen Zustand, in dem alle konzeptionellen Geisteszustände ursprünglich befriedet sind.

Diese vier Begriffe sind Synonyme für das vollkommen reine grundlegende Element – *die Buddhanatur.* Auch Buddha, der erleuchtete Zustand und Nirvana, das Überschreiten der Leiden, sind nicht verschieden voneinander.

„Perfekte Erleuchtung in Bezug auf alle Aspekte der Existenz ist Buddha. Aufgabe der Schleier und Gewohnheitsmuster ist Nirvana. In Bezug auf das Letztendliche sind sie nicht verschieden voneinander." (Gyü Lama)

Die 32 Qualitäten des Dharmakaya werden in die zehn Kräfte, die vier Furchtlosigkeiten und die 18 unvermischten Qualitäten unterteilt.

35.

DIE ZEHN KRÄFTE
DES PERFEKTEN WISSENS
EINES BUDDHAS

Es ist das perfekte Wissen von:
1. einer angemessenen oder nichtangemessenen Basis (d.h. positiver oder negativer Handlungen und ihrer Frucht),
2. demResultat des vollkommenen Heranreifens von allen Handlungen im Einzelnen,
3. den verschiedenen Temperamenten oder Veranlagungen der Wesen,
4. ihren Fähigkeiten,
5. ihren verschiedenen Interessen und Einstellungen,
6. allen verschiedenen Pfaden und Fahrzeugen,
7. den verschiedenen Meditationszuständen,
8. Geburt und Tod aller Wesen (in der Zukunft) – „das göttliche Auge",
9. allen vergangenen Leben der Wesen und des Buddha selbst,
10. der Reinigung oder Befriedung aller verdunkelten Zustände, aller feinenUnreinheiten. Wiederum können dies nur Buddhas perfekt.

36.
DIE VIER FURCHTLOSIGKEITEN

Ebenso gehören zu den Qualitäten eines Buddha auch die **Vier Furchtlosigkeiten**. Auch diese stehen mit den Vier Edlen Wahrheiten in Verbindung:

1. Buddhas sind furchtlos in der Feststellung ihrer perfekten Erleuchtung und ihres Wissens von allen Phänomenen. Dieses perfekte Wissen bezieht sich auf die Wahrheit des Leidens.
2. Sie lehren die Methoden, wie Hindernisse beseitigt werden, und haben selbst alles aufgegeben, was aufgegeben werden muß. Dies bezieht sich auf die Wahrheit des Ursprungs des Leidens.
3. Sie sind furchtlos im Lehren des Pfades, was sich auf die Wahrheit des Pfades bezieht und
4. sie sind furchtlos in der Feststellung ihrer Erlangung des Aufhörens aller Schleier. Dies bezieht sich auf die Wahrheit des Aufhörens.

37.

DIE ACHTZEHN
UNVERMISCHTEN
QUALITÄTEN EINES BUDDHAS

Diese heißen deshalb unvermischt, weil nicht einmal die höchsten Bodhisattvas diese Qualitäten besitzen, sondern nur Buddhas.

Es gibt *sechs Qualitäten in bezug auf ihre Handlungen* oder ihr Verhalten:

1. Die Handlungen in bezug auf den Körper sind fehlerfrei.
2. Die Handlungen in bezug auf die Sprache sind fehlerfrei.
3. Die Handlungen in bezug auf den Geist sind voller Konzentration, ihr Gedächtnis läßt nicht nach.
4. Man ist nur noch in Meditation.
5. Man hat keine Konzepte oder Unterscheidungen mehr in bezug auf Samsara und Nirvana.
6. Ein Buddha beachtet immer die Tatsachen einer gegebenen Situation und gibt z.B. immer angemessene Belehrungen.

Es gibt weiterhin *sechs Qualitäten der Realisation:*

1. Vollkommenes Streben den Wesen zu helfen.
2. Vollkommene Bemühung (Fleiß).
3. Vollkommene Achtsamkeit.
4. Vollkommene Weisheit in bezug auf alle Phänomene von Samsara und Nirvana.
5. Vollkommener Samadhi, welchem höheres Wissen folgt.
6. Vollkommene Befreiung von allen Unreinheiten.

Es gibt *drei besondere Aktivitäten* von Körper, Rede und Geist, die aufgrund der Realisation der Weisheit erfolgen:
1. Die Handlungen des Körpers sind immer zum Nutzen der Wesen.
2. Die Rede hat 60 Qualitäten und ist für alle eine große Wohltat.
3. Der Geist besitzt große Liebe und großes Mitgefühl für alle Wesen.

Zuletzt gibt es *drei unvermischte Weisheiten*, die sich auf die Durchdringung der drei Zeiten (Vergangenheit, Gegenwart und Zukunft) beziehen.

Diese 32 und weitere Qualitäten der Buddhaschaft werden ausführlich im „Gyü Lama" von Maitreya erklärt.

Es gibt verschiedene Einteilungen der Weisheit eines Buddha. Spricht man von der *einen Buddhaweisheit*, so ist dies Allwissenheit. Wird jedoch betont, daß diese Weisheit schon zur Natur des Geistes gehört, so spricht man von der *Ursprünglichen Weisheit*.

Werden *zwei Buddhaweisheiten* genannt, so sind dies die *Weisheit, die die Natur aller Phänomene erkennt,* und die *Weisheit, die die Erscheinungsweise aller Phänomene (in ihrer ganzen Vielfalt) erkennt.*

Die *drei Buddhaweisheiten* sind vollkommenes Wissen in bezug auf die drei Zeiten (Vergangenheit, Gegenwart und Zukunft).

Im „Sutra der Erinnerung an die Drei Juwelen" werden vier Aspekte der Buddhaweisheit erklärt:

38.

DIE VIER ASPEKTE

DER LETZTENDLICHEN

BEWUSSTHEIT EINES BUDDHA

Das perfekte Wissen von jedem einzelnen Aspekt von Samsara und Nirvana.
Das perfekte Wissen von jedem einzelnen Aspekt der drei Fahrzeuge.
Das perfekte Wissen von jeder einzelnen Sprache. Ein Buddha kann jedes Wesen in seiner eigenen Sprache belehren und dadurch das Wissen über die wahre Natur von Samsara und Nirvana, sowie über die drei Fahrzeuge, weitergeben.
Das perfekteWissen vom Geisteszustand jedes einzelnen Individuums.

Für uns gilt in bezug auf dieses Wissen, daß wir Methoden anwenden müssen, durch die solches Wissen erlangt wird. Man sollte sich um ein Wissen von jedem einzelnen Aspekt von Samsara und Nirvana bemühen, die drei Fahrzeuge studieren, ebenso Sprachen und, wenn man ein Dharmalehrer ist, sollte man möglichst in einer Weise lehren, die den Voraussetzungen und Veranlagungen der Zuhörer entspricht.

39.

DIE FÜNF BUDDHAWEISHEITEN

Eine weitere Unterteilung der ursprünglichen Weisheit eines Buddha in einzelne Aspekte sind *die fünf Buddhaweisheiten, die die Umkehrung unserer gewöhnlichen Erfahrung zum Ausdruck bringen. In der Essenz entspricht jedes der hauptsächlichen störenden Gefühle einer dieser fünf Buddhaweisheiten.*

Das klare Kennen aller Phänomene durch das Nicht-Anhaften an „mein", welches ununterbrochen wie die Reflektion eines Spiegels ist, ist die **spiegelgleiche Weisheit**. Sie ist die Umwandlung des störenden Gefühls Zorn und wird erlangt durch Hören, Nachdenken und Meditieren über die Drei Körbe Vinaya, Sutra und Abidharma. Im Diamantweg drückt sich diese Weisheit durch die Vajrafamilie des Buddhas Akshobya aus.

Wenn man sich an die Meditation über Gleichheit von „ich" und „anderen" auf dem Weg des Lernens gewöhnt und das nichtverweilende Nirvana aus dieser Reinheit heraus erlangt hat, erkennt man die Gleicheit von Existenz und Frieden (Samsara und Nirvana). Das ist die **Weisheit der Gleichheit**. Sie ist die Umwandlung des störenden Gefühls Stolz und wird erlangt durch die Erkenntnis, daß die Wesen so sind wie wir und alle in früheren Leben unsere Eltern waren. Im Diamantweg drückt sich diese Weisheit durch die Ratnafamilie des Buddhas Ratnasambhava aus.

Das Erkennen und einzeln Unterscheiden der Wissensobjekte, wie viele es auch sind, d.h. der spezifisch und allgemein charakterisierten Phänomene ohne jede Verwirrung, ist die einzeln erkennende, die **unterscheidende Weisheit**. Sie ist die Umwandlung des störenden Gefühls Begierde und wird durch ein Verständnis aller buddhistischer Fahrzeuge erlangt, des dreimaligen Drehens des Dharmarades. Im Diamantweg drückt sich diese Weisheit durch die Padmafamilie des Buddhas Amitabha aus.

Das Wissen um die Vervollkommnung des Wohls der Wesen durch die verschiedenen Arten der geschickten Mittel ist die **allesvollendende Weisheit**. Sie ist die Umwandlung der störenden Gefühle Neid und Eifersucht und wird durch das Vollenden der Handlungen für alle fühlenden Wesen erlangt, das heißt man hat die Kraft dazu und handelt positiv. Im Diamantweg drückt sich diese Weisheit durch die Karmafamilie des Buddhas Amoghasiddhi aus.

Die unverfälschte Natur, der völlig reine Dharmadhatu, die Soheit aller Phänomene, die Ursache, aus der heraus alle Phänomene entstehen, die Eigennatur aller Tathagatas ist die **Dharmadhatu-Weisheit**. Sie ist die Umwandlung des störenden Gefühls Unwissenheit. Diese Weisheit ist ohne Konzepte und Beschreibung. Vorher konnte man noch alles in Kategorien einteilen, aber die wahre Natur ist ohne Kategorien. Im Diamantweg drückt sich diese Weisheit durch die Buddhafamilie des Buddhas Vairocana aus.

Diese fünf Buddhafamilien stellen eine zentrale Belehrung im Tantrayana darstellen. *Hierbei wird besonders die reine Sichtweise trainiert, die Erfahrung, daß die Essenz der verschiedenen störenden Gefühle und Schleier schon Ursprüngliche Weisheit ist.* Der philosophische Hintergrund zu dieser Belehrung wird durch den Text „Die Unterscheidung zwischen Bewußtsein und Weisheit" (Tib: Nam-she Yeshe) vom dritten Karmapa Rangjung Dorje gegeben.

40.
Die Reinen Länder

Jeder Buddha manifestiert sein eigenes Reines Land, seinen speziellen Buddha-Bereich. Dies geschieht ausschließlich zum Nutzen der Schüler auf den Bodhisattvastufen.

Die wichtigsten Reinen Länder sind folgende:
Ngön gä sching – Reines Land von Buddha Akshobya („der Unerschütterliche"), das Reich der vollkommenen Freude.
Pälden sching – Reines Land von Buddha Ratnasambhava („Quelle des Schatzes"), das Reich des Glanzes.
Dewa chen – Reines Land von Buddha Amitabha („Grenzenloses Licht"), das Reich der großen Glückseligkeit.
Lä rab dzog – Reines Land von Buddha Amoghasiddhi" („Bedeutungsvolle Erlangung"), das Reich des angesammelten Handelns.
Tugpo kö – Reines Land von Buddha Vairocana („Strahlende Manifestation"), das Reich des allesdurchdringenden Mandalas.
Potala – Reines Land von Chenrezig („Liebevolle Augen")
Chang lo chen – Reines Land von Drölma (Grüne Tara, die „Befreierin")
Nga yab ling – Reines Land von Vajrapani („Diamant in der Hand")
Urgyen Yül – Reines Land von Padmasambhava („Lotusge-

borener Guru"). In diesem Bereich residiert Padmasamb-
hava auf dem Kupferfarbenen Berg *Sang do Pal kirig po.*
Tushita – Reines Land von Maitreya
Shambala – Reines Land in Verbindung mit Kalachakra.

41.

ZUSAMMENFASSUNG
DES DREIMALIGEN
DREHENS DES DHARMARADES

Nun soll noch einmal kurz dargestellt werden, *wie die Vier Edlen Wahrheiten alle Ebenen von Buddhas Belehrungen durchdringen.* Dazu ein Auszug aus den Belehrungen von Lama Ole Nydahl vom 22.10.1984 in Heidelberg:

„Die Lehre Buddhas wurde nur gegeben, um den Wesen zu nutzen. Der Sinn ist der Zustand des ,sang gjä´, des offenen, klaren, unbegrenzten Erlebnisses unseres Geistes von sich selbst. Wenn wir die Vier Edlen Wahrheiten studieren, hören wir als erstes: ,Es gibt Leiden´. Das bedeutet, verglichen mit Erleuchtung, die dauerhaft ist, sind alle sich ändernden Prozesse Leid.

Zweitens sagt der Buddha: ,Leiden hat eine Ursache´. Und die ist das Unvermögen unseres Geistes, sich selbst zu erkennen. Das führt zu störenden Gefühlen. Die führen zu viereckigen Handlungen und die wiederum zu mehr Schwierigkeiten.

Drittens gibt es einen Zustand ohne Leid, wo man drei Freiheiten hat – sich als Raum, als totale Freude und als spielendes, aktives Mitgefühl zu zeigen. Man hat das Erlebnis der inneren fünf Buddhaweisheiten, die die Umkehrungen unserer allgemeinen Geisteszustände sind, und man drückt die vier Aktivitäten aus: friedvoll, vermehrend, aktivierend und kraftvoll schützend.

Schließlich gibt es Wege, die dahin führen: Äußerlich die

Belehrungen über Ursache und Wirkung, die Meditationen zur Beruhigung des Geistes und die Gelübde, die Negatives stoppen. Innerlich gibt es die Belehrungen über Mitgefühl und Weisheit, die Meditationen, die Mitgefühl und Weisheit anregen und aktivieren, und das Bodhisattvagelübde, das uns vom Abfallen schützt.

Auf geheimer, tiefster Ebene der Buddhaidentifikation gibt es die Belehrung, daß der Raum unseres Geistes Freude ist, die Belehrung über die Buddhanatur, die unbegrenzten Fähigkeiten unseres Geistes. Es gibt Meditationen, die das ermöglichen mit einer aufbauenden Phase, wo wir uns auf bestimmte Buddhaaspekte konzentrieren, und einer verschmelzenden Phase, wo wir uns mit ihnen identifizieren und sie als unser eigenes Wesen sehen.

Und schließlich, damit wir nicht wieder davon abfallen, versuchen wir alles auf höchstmöglicher Ebene zu sehen, auch wenn wir auf relativer Ebene tun, was notwendig ist. Um das tun zu können, halten wir das Band zum Lama, sehen ihn so hoch wie möglich, halten das Band zur Lehre und denken: das was ich nicht verstehe, nutzt jemand anderem, und halten die Verbindung zu den Praktizierenden.

Und das ist die Gesamtheit von dem, was der Buddha gab. Es ist alles darin enthalten."

Nun folgen noch einige *allgemeine Grundbegriffe*, die sich auf alle drei Drehungen des Dharmarades beziehen.

42.

DIE VIER PHILOSOPHISCHEN SCHULEN IM BUDDHISMUS

Innerhalb der drei Fahrzeuge des Buddhismus gibt es verschiedene philosophische Schulen, die von den Nachfolgern des Buddha entwickelt wurden, nachdem diese seine Belehrungen sorgfältig analysiert hatten und über ihre Bedeutung nachgedacht hatten. Sie entsprechen der daraus jeweils resultierenden Sichtweise.

Der Buddha selbst hat diese Belehrungen im Kalachakra Tantra und im Hevajra Tantra gegeben, ohne sie jedoch systematisch auf Basis, Weg und Frucht zu beziehen, wie es später geschah.

Zwei der vier hauptsächlichen philosophischen Schulen gehören zum Fahrzeug der Hörer (Sravakas) und damit in die Hinayana-Tradition. Dies sind die Vaibashikas und Sautrantikas.

Die **Vaibashikas** sagen, daß äußere Phänomene aus subtilen unteilbaren Teilchen (Atomen) bestehen und daß Bewußtsein oder Geist, der innere Aspekt, aus unteilbaren Bewußtseinsmomenten zusammengesetzt ist. Diese unteilbaren Teilchen und Bewußtseinsmomente sollen relative und absolute Existenz haben. Relativ in Bezug auf das Zusammengesetztsein der groben physikalischen Materie aus vielen subtilen Teilchen und absolut in bezug auf ihre Unteilbarkeit. Sie behaupten weiterhin, daß Objekte direkt durch die Sinnesfähigkeiten wahrgenommen werden.

Die **Sautrantikas** glauben generell auch an kleinste wahrhaft existierende Teilchen und Bewußtseinsmomente, sagen aber, daß Objekte nicht direkt durch die Sinnesfähigkeiten wahrgenommen werden können, da zwischen dem nicht-materiellen Geist und der materiellen Welt keine direkte Verbindung bestehen könnte. Sie gehen von einer Vermittler-Substanz aus, die ein Abbild des wahrgenommenen Objektes an das Sinnesbewußtsein übermitteln soll.

Dies wird von der **Cittamatra- oder Nur-Geist-Schule** im Mahayana widerlegt. Diese Schule sagt, daß, wenn man die äußeren, materiellen Objekte nicht direkt wahrnehmen kann, weil sie im Wesen verschieden vom wahrnehmenden Geist sind, dann folgt daraus, daß es überhaupt nichts anderes geben kann als Geist, denn das, was man wahrnimmt, muß von der gleichen Natur wie der Geist sein, damit man es überhaupt wahrnehmen kann. Eine hinter einem Vermittler verborgene Substanz könnte man niemals wahrnehmen und daher könnte sie auch für unser wahrnehmendes Bewußtsein niemals existieren.

Die Cittamatra-Anhänger glauben also an ein wahrhaft existentes Bewußtsein. Sie sprechen von den *drei Naturen oder Merkmalen der Existenz:*

Benannte Phänomene: Dies bezieht sich auf die Benennung der sechs Objekte des Bewußtseins, verbunden mit einer falschen Vorstellung von wirklicher, unabhängiger Existenz.

Abhängige Phänomene: Das Basisbewußtsein, das alle gespeicherten Eindrücke als Samen enthält, und die anderen Aspekte des Bewußtseins existieren als ein Kontinuum ähnlicher Momente, die in der Form von Ursache und Wirkung ständig aufeinander einwirken. Man trennt die Wahrnehmung von äußeren Objekten vom inneren wahrnehmenden Geist ab und entwickelt so dualistische Anhaftung.

Diese beiden Merkmale bilden die relative Wahrheit. Die absolute Wahrheit besteht in dem dritten Merkmal der Existenz:

Absolute Gegenwart: Der Geist ist in seiner Natur nicht zusammengesetzt und frei von allen benannten und abhängigen Phänomenen. Dies wird als „nicht-konzeptionelle Bewußtheit frei von Dualität" bezeichnet. Man unterscheidet jedoch innerhalb der Cittamatra-Schule die „Vertreter des wahrhaften Aspektes" und die „Vertreter des täuschenden Aspektes" voneinander, je nachdem, ob sie glauben, daß die äußeren Phänomene vom wahrnehmenden Geist so wahrgenommen werden, wie sie wirklich sind oder nicht.

Die *höchste philosophische Schule im Buddhismus* ist die **Madhyamaka-Schule** (tib. Uma). Der Name bedeutet „Nicht einmal die Mitte". Gemeint ist, daß diese Anschauung noch nicht einmal zwischen den Extremen von Existenzialismus und Nihilismus liegt. Sie ist jenseits von festen Bezugspunkten. Die Phänomene sind jenseits von allen Gegensatzpaaren.

Fehlerlose Erkenntnis der relativen Wahrheit bedeutet, zu sehen, daß alle Phänomene ohne wahre Substanz sind. Obwohl sie erscheinen, sind sie wie die Reflektion des Mondes im Wasser.

Fehlerlose Erkenntnis der absoluten Wahrheit ist der Zustand, in dem alle geistigen Schöpfungen befriedet sind, der natürliche Zustand, in dem man erkennt, daß alle Phänomene leer von wahrhafter Existenz sind.

So ist die *Basis* der Madhaymaka-Anschauung die Untrennbarkeit der beiden Wahrheiten, der relativen und der absoluten Wahrheit.

Der *Weg* wird durch die Praxis der Untrennbarkeit der beiden Ansammlungen durchschritten, die Ansammlungen von Verdienst und Weisheit.

Die *Frucht* ist die Verwirklichung der Untrennbarkeit der beiden Buddhakörper, des Wahrheitskörpers und des Formkörpers, die durch die Vollendung des Nutzens für einen selbst und für andere erlangt werden.

Man unterscheidet Sutra- und Tantramadhyamaka vonein-ander. Sutramadhaymaka wird weiter unterteilt in **Rang-tong** (leer von einem Selbst) und einen Teil von **Shentong** (leer von etwas anderem). Der andere Teil bezieht sich auf Tantramadhyamaka. Rangtong wird wiederum unterteilt in die **Svatantrika**- und **Prasangika**-Schulen. Diese beiden Anschauungen halten sowohl das Selbst der Person als auch das Selbst der Phänomene für nicht wahrhaft existent. Sie widerlegen die beiden Extreme von Existentialismus und Nihilismus durch fünf verschiedene Beweisführungen.

Der Unterschied zwischen den beiden Anschauungen liegt darin, daß die Svatantrikas über die relative Wirklichkeit sprechen, um zur absoluten Wirklichkeit zu gelangen, während die Prasangikas alles durch Schlußfolgerungen wider-legen und gar nicht auf die relative Wahrheit eingehen.

Die Belehrungen der Shentong-Schule beziehen sich auf das dritte Drehen des Dharmarades, in dem die letztendli-che Wirklichkeit als die Buddhanatur bezeichnet wird, die in allen fühlenden Wesen vorhanden ist.

Praktiziert man das geheime Mantra- oder Tantrafahrzeug, so sollte man die Rangtong- und Shentong-Sichtweise kom-binieren, wie die zwei Flügel eines Vogels.

Ein Verständnis dieser vier philosophischen Schulen des Buddhismus beseitigt alle falschen Anschauungen und ist damit ein äußerst bedeutsames Mittel zum Erreichen der vollkommenen Buddhaschaft.

43.

DIE ZEHN BEDEUTUNGEN DES BEGRIFFES „DHARMA"

Der Buddha hat gesagt: „Dies ist Dharma", und dann kann man es selbst, entsprechend den Aussagen, in folgenden Weisen anwenden:

Objekte des Wissens nennt man Dharmas.

Der Pfad ist Dharma, das heißt positive Handlungen ausführen und negative Handlungen vermeiden.

Nirvana – „Nimm Zuflucht zum Dharma, denn er ist Nirvana."

Objekte für den Geist – Im Prozeß der Wahrnehmung sind dies die Objekte nach der Übermittlung durch die Tore der Wahrnehmung.

Verdienst – zum Beispiel „Zusammenzusein mit Jungfrauen und Königinnen" oder allgemein mit netten Leuten.

Leben – die kindlichen Leute denken an nichts anderes als an das, was sie sehen.

Die Worte des Buddha – die Belehrungen.

Werden, das heißt alles Zusammengesetzte."Ich bin nicht jenseits des Dharma des Todes", sagt der Buddha.

Gewißheit – in bezug auf das, was aufgegeben werden muß usw.

Tradition.

Die wichtigste Definition des Begriffes Dharma ist: „die Dinge, so wie sie sind". Damit werden mehrere dieser 10 Bedeutungen zusammengefaßt.

Tschö – Dharma – Phänomene bedeutet hauptsächlich: es gibt nichts, was eine Eigennatur hat, aber jedes Phänomen hält seine eigene Charakteristik aufrecht. In diesem Sinne ist Dharma alles, was chakteristische Merkmale hat.

Der Originalvers aus dem dritten Kapitel des „Schatz des Wissens" von Jamgön Kongtrul Rinpoche dazu heißt:
„Dharma sind Wissensobjekte und Pfad,
Nirvana und Objekte für den Geist,
Verdienst, Leben und höchste Lehre,
Werden, Gewißheit und Tradition."

44.
DER STUPA

Die bisher besprochenen Themen spiegeln sich u.a. in der Symbolik des Stupa wieder: Der Stupa, auf tibetisch „Tschörten", stellt Buddhas erleuchteten Geist dar. Das Herz des Stupa wird von Reliquien erleuchteter Lamas und Yogis, sowie heiligen Gegenständen gebildet.

In den Texten werden insgesamt acht verschiedene Formen beschrieben, die mit dem Leben des historischen Buddha Shakyamuni verbunden sind. Die Form, die bei uns meistens gebaut wird, ist die wichtigste von allen acht. Sie symbolisiert die höchste Erleuchtung, die der Buddha unter dem Bodhibaum in Bodhgaya in Indien manifestiert hat. Gleichzeitig bedeutet sie auch die Überwindung aller Hindernisse.

Es wird gesagt, daß der spirituelle Einfluß, der Segen eines Stupa so groß sei, daß die, die ihn verehren, die an seinem Bau mitwirken, sowie auch diejenigen, die in seiner Umgebung leben, seine positive Wirkung als Quelle von Frieden und Glück erleben.

Es werden umfangreiche Belehrungen in verschiedenen Sutras und Tantras über die Verdienste gegeben, die sowohl aus dem Bau als auch aus dem Umschreiten eines Stupa entstehen.

Die Form des Stupa symbolisiert unter anderem: die fünf Elemente, die zehn heilsamen Handlungen, die Drei Juwelen, die sechs Paramitas, die vier Unermeßlichen, die 37

Erleuchtungsfaktoren, die fünf Wege, die zehn Kräfte, den relativen und absoluten Erleuchtungsgeist, und damit das vollständige Erkennen der Natur unseres Geistes.

Dies ist eine kurze Zusammenfassung der umfangreichen Belehrungen zu diesem Thema, das heißt über die verschiedenen Arten von Stupas, ihre Bedeutung im Detail sowie den Nutzen des Errichtens und Umschreitens eines Stupas.

Am Anfang dieses Textes wurden Buddha, Dharma und Sangha von der relativen Sichtweise her erklärt. Nun folgen Belehrungen über Buddha, Dharma und Sangha, die dem dritten Drehen des Dharmarades der Lehre entsprechen, das heißt von der *absoluten Sichtweise* her.

45.

Buddha, Dharma, Sangha

Kommentar des Ersten Jamgon Kongtrul Rinpoche zum „Mahayanauttaratantrashastra" (tib. Gyü Lama) von Maitreya durch Asanga:

Buddha, der Erleuchtete Zustand

Preisung an den Buddha, den erleuchteten Zustand!
Buddha, der erleuchtete Zustand, hat drei Qualitäten zum eigenen Nutzen:
Der erleuchtete Zustand hat weder Anfang, noch Mitte, noch Ende. Er ist frei von Entstehen, Verweilen und Vergehen. Daher wird von ihm gesagt, daß er „ungeschaffen" ist.
Im erleuchteten Zustand sind alle Konzepte und diskursiven Gedanken vollständig befriedet. Daher wird von der Erleuchtung gesagt, daß sie „spontan gegenwärtig" ist.
Was die letztendliche innere Erkenntnis angeht, ist der Buddha ohne einen äußeren Lehrer durch die Methode der Weisheit „nicht-duale Einsicht in die wahre Natur" vollkommen erwacht. Daher wird von dieser Realisation gesagt, daß sie „nicht geschaffen von äußeren Bedingungen" ist.
Ebenso hat Buddha, der erleuchtete Zustand, drei Qualitäten zum Nutzen der anderen: Er ist perfekte Allwissenheit, ein Erwachen vom Schlaf der Unwissenheit . Seine In-

telligenz breitet sich in allem aus, was gewußt werden kann.

Ohne Furcht vor Samsara und mit großer Fürsorge zeigt der Buddha einen dauerhaften Pfad (die eigentliche Bedeutung von Dharmata, Soheit), um in denjenigen die Realisation der ersten drei Qualitäten entstehen zu lassen, die sie noch nicht realisiert haben.

Nachdem er das exzellente Schwert von Weisheit und Mitgefühl aufgenommen hat, hat der Buddha die Kraft, den Keim von „Name und Form" abzuschneiden, welche die Wurzeln des Leidens sind.
Nachdem er den exzellenten Vajra von Weisheit und Mitgefühl aufgenommen hat, hat der erleuchtete Zustand die Kraft, die Mauer der Zweifel über die Wahrheiten und über Ursache und Wirkung niederzureißen, eine Mauer, die vom dichten Wald der verschiedenen fehlerhaften Anschauungen umgeben ist (primitive Anschauungen, die daraus resultieren zu glauben, daß die vergänglichen Skandhas ein wahrhaft existentes Selbst beinhalten).
Daher verbeuge ich mich mit großem Respekt vor Buddha, dem erleuchteten Zustand.

Erklärung der Bedeutung in Kategorien:
Faßt man es zusammen so spricht man vom erleuchteten Zustand als ausgestattet mit sechs Qualitäten, oder acht Qualitäten.
1. Da die Buddhaschaft nicht durch Ursache und Bedingungen geschaffen ist, hat sie die Qualität „ungeschaffen" und „unveränderlich" zu sein.
2. Da der erleuchtete Zustand allein keinerlei Anstrengung beinhaltet, hat er die Qualität „gegenwärtig in der Spontaneität" zu sein.
3. Da der erleuchtete Zustand allein durch nicht-duale Einsicht in die wahre Natur der Dinge entsteht, hat diese Realisation die Qualität „nicht geschaffen von äußeren Bedingungen" zu sein.
4. Da der erleuchtete Zustand diese drei vorherigen Quali-

täten hat, hat er die Qualität der Allwissenheit.
5. Da der erleuchtete Zustand diese guten Qualitäten in anderen entstehen läßt, hat er die Qualität „großes Mitgefühl".
6. Da die Buddhaschaft die Fähigkeit hat, andere dazu zu veranlassen, die Ursachen (und damit auch die Wirkungen) ihres Leidens aufzugeben, hat sie die Qualität „machtvoll" zu sein.

Die ersten drei Qualitäten haben die Kraft der „Vollendung des Nutzens für das Individuum", die letzten drei Qualitäten haben die Kraft der „Vollendung des Nutzens für andere". Nimmt man diese beiden Oberbegriffe zu den sechs hinzu, so ergeben sich daraus acht Qualitäten.

DER DHARMA

Preisung an den Dharma!

Vom Gesichtspunkt des Aufhörens des Leidens aus kann man nicht sagen, daß der exzellente Dharma nicht existiert, da der Dharmadhatu, die wahre Natur, die Dinge wie sie wirklich sind, die letztendliche Wahrheit, das Erfahrungsfeld der ursprünglichen Weisheit ist – nichtduale Einsicht in die wahre Natur. Daher ist der Dharma frei von dem begrenzenden Konzept „nicht existent". Andererseits existiert der Dharma nicht, da er niemals zur Existenz gekommen ist wie irgendein relatives oder vorübergehendes Ding. Daher ist er frei von dem begrenzenden Konzept „existent".

Der Dharma ist auch nicht sowohl existent als auch nichtexistent (als gemeinsame Basis), da beide schon widerlegt wurden und sich außerdem gegenseitig widersprechen. Daher ist er frei von dem begrenzenden Konzept „sowohl existent als auch nichtexistent".

Da der Dharma nicht als etwas gezeigt werden kann das existiert oder nicht existiert, oder sowohl existiert als auch nicht existiert, kann man von ihm auch nicht sagen, daß er etwas anderes ist als diese Alternativen. Daher ist er vollkommen jenseits von geistigen Konzepten (die durch diese vier Alternativen beschrieben werden).

Da der Dharma nicht durch Symbole oder durch Benennungen ausgedrückt werden kann und vollständig alle Objekte überschreitet, auf die sich Sprache bezieht, ist er jenseits von Definitionen. Da er weder durch Vergleiche noch durch Beweisführung usw. gezeigt werden kann und da er kein Objekt dualistischer Wahrnehmung ist, kann er nur von der nichtdualen Einsicht der Edlen in die wahre Natur erkannt werden. Daher ist er „unausdenkbar".

Da Karma und verdunkelnde Geisteszustände, die beiden Wurzeln von Samsara, befriedet sind, wird der Dharma „ohne diese beiden" genannt. Vom Dharma wird gesagt, daß er „frei ist von diskursivem Denken", insofern als die fehlerhaften Gedankenprozesse, die die Ursache sind von Karma und störenden Gefühlen, von verdunkelnden Geisteszuständen und primitiven Anschauungen befreit sind.

Vom Gesichtspunkt des Pfades aus ist der Dharma „vollkommen rein" – er ist frei von den Befleckungen der störenden Gefühle und Anschauungen, sowie der Gewohnheitsmuster.

Dharma ist erleuchtend – er hat wirklich die Fähigkeit, Licht auf alles zu werfen, was gewußt werden kann. Er ist Weisheit, die frei ist von den Schleiern der subtilen, fehlerhaften Auffassungen und grundlegender Unbewußtheit, welche die wahre Natur von allem, was gewußt werden kann, verhüllen.

Dharma ist heilend – er überwindet vollkommen die Anhaftung an alle attraktiven Objekte der Aufmerksamkeit. Er überwindet Ärger und Abneigung gegenüber allen unattraktiven Objekten. Er überwindet die dichte Unklarheit der Dumpfheit und Verwirrung gegenüber allen neutralen Objekten.

Vor dem heiligen Dharma, der, wie die Sonne, diese drei Qualitäten hat, verbeuge ich mich mit Hingabe.

Erklärung der Bedeutung in Kategorien:

Der oben erklärte Text zeigt den seltenen und höchsten Dharma, als mit sechs oder acht Qualitäten ausgestattet.

1. Der Dharma ist unausdenkbar, insofern als er nicht vom intellektuellen Geist verstanden werden kann.
2. Der Dharma ist ohne "die beiden", nämlich ohne Karma und verdunkelnde Geisteszustände.
3. Der Dharma ist ohne diskursives Denken, da er frei ist von den fehlerhaften Gedankenprozessen, die Karma und störende Gefühle verursachen.

Weiterhin hat der Dharma auch noch drei andere Qualitäten:

4. Der Dharma ist rein, da seine Essenz fehlerlos ist.
5. Der Dharma ist erleuchtend, da er alle „Dharmas" (Phänomene) klar erscheinen läßt.
6. Der Dharma ist heilend, da er die drei Geistesgifte heilt.

Wenn diese Qualitäten selbst kategorisiert werden, so sind die ersten drei Qualitäten auf das Aufhören des Leidens bezogen – Freiheit von den Leidenschaften (die Frucht). Die zweiten drei Qualitäten beziehen sich auf den Pfad, die Methoden, durch die man von Leidenschaft frei wird (die Ursache). Wenn diese beiden Kategorien, die sich auf die vollkommen reinen Wahrheiten (des Aufhörens und des Pfades) beziehen, zu den ersten sechs hinzugefügt werden, sieht man, daß der exzellente Dharma mit acht Qualitäten ausgestattet ist.

DIE SANGHA

Preisung an die Sangha!

Die Edle Sangha der nicht wieder zurückfallenden Bodhisattvas ist edler als die gesamte Sangha, da die Bodhisattvas erkannt haben, daß ihr Geist von strahlender Natur ist, und daß dies das eigentliche Heilmittel selbst ist. Sie sehen, daß die störenden Gefühle und Anschauungen, die aufgegeben werden müssen, niemals wirklich zur Existenz gekommen sind. Daher erkennen sie klar die Natur von allen fühlenden Wesen. Sie realisieren den letztendlichen Aspekt, nämlich, daß sowohl die fühlenden Wesen als auch die Phänomene essenzlos sind: sie sind ohne Grundlage, nichtsubstanziell und unwirklich. Das ist Dharmata, die wahre Natur, in der alle Projektionen vollkommen befriedet sind. Dies zu erkennen ist die Weisheit „Kennen der wahren Natur".

Zu sehen, daß alle fühlenden Wesen vollkommen von der perfekten Buddhanatur durchdrungen sind (Dharmakaya, Dharmata oder Soheit) ist die Weisheit „Kennen der wahren Natur in ihrer vollen Ausdehnung".

Diese beiden Weisheiten sind Qualitäten der Einsicht. Sie sind Intelligenz, die befreit ist von den Schleiern der störenden Gefühle und primitiven Anschauungen und befreit von den Schleiern der subtilen fehlerhaften Konzepte und grundlegender Unbewußtheit, die die wahre Natur von allem, was gewußt werden kann, verhüllen. Es ist ein Zustand von Intelligenz, die die Meisterung über eine Einsicht hat, die weit jenseits von weltlicher Einsicht geht.

Diese Einsicht basiert auf der Bewußtheit des Bodhisattvas, daß alle unbegrenzten Wesen letztendlich vom Dharmadhatu, dem Wahrheitsraum, in seiner vollständigen Reinheit durchdrungen sind. Daher ist es die Meisterung der fleckenlosen Weisheit, die wahrhaft alles kennt, was auch immer gewußt werden kann. Diese Qualitäten sind befreiende Qualitäten.

Vor solchen Bodhisattvas verbeuge ich mich mit Hingabe.

Die Darstellung der Qualitäten als zwei und sechs:
Was vorher erklärt wurde, zeigt, daß die kostbare Sangha mit zwei Qualitäten ausgestattet ist.

1. Da die Edlen sich auf die Gegenwart von Dharmata (der wahren Natur der Dinge) ausrichten, ist die Sichtweise der inneren Weisheit (nichtduale Einsicht in die wahre Natur), die andere nicht besitzen, frei von den Schleiern

der störenden Gefühle und Anschauungen. Daher sind sie ausgestattet mit der Weisheitsqualität des „Kennens der wahren Natur".

2. Da diese Edlen sich auf die Gegenwart des Dharmadhatu ausrichten, der alle fühlenden Wesen durchdringt, ist ihre Sichtweise der inneren Weisheit (nichtduale Einsicht in die wahre Natur), die andere nicht besitzen, frei von den Schleiern der subtilen fehlerhaften Konzepte und grundlegender Unbewußtheit, welche die wahre Natur von allem, was gewußt werden kann, verhüllen. Daher sind sie ausgestattet mit der Weisheit des „Kennens der wahren Natur in ihrer vollen Ausdehnung".

Insofern, als sie diese Weisheiten besitzt, fällt die Edle Sangha der weisen Bodhisattvas nicht mehr aus der perfekten Erleuchtung heraus. Daher sind sie den Sravakas und Pratyekabuddhas überlegen, und besitzen die Qualitäten von unübertrefflicher Weisheit.

Noch einmal: Da sie ausgestattet sind mit der Weisheits-Vision des „Kennens der wahren Natur" und des „Kennens der wahren Natur in ihrer vollen Ausdehnung", sowie mit der „inneren Weisheit", haben sie die drei Qualitäten der Einsicht.

Da sie die Schleier der störenden Gefühle und Anschauungen sowie die Schleier, die die wahre Natur verhüllen, gereinigt haben, und da sie die „unübertreffliche" Qualität erlangt haben, haben sie die drei Qualitäten der Befreiung.

Wenn die klassifizierenden Kategorien „Einsicht" und „Befreiung" zu den sechs vorhergehenden Qualitäten hinzugefügt werden, sind es zusammen acht Qualitäten.

Die Weisen und Edlen Bodhisattvas, die mit diesen Qualitäten ausgestattet sind, sind die Gemeinschaft der nicht wieder zurückfallenden Sangha.

Die erste Erklärung entspricht genau den indischen Kommentaren und die spätere stimmt mit den Erklärungen von frühen tibetischen Gelehrten überein.

Der Grund, warum es drei Zufluchtsobjekte gibt

Der Zweck der Belehrungen über die Qualitäten von Buddha, dem erleuchteten Zustand, ist, daß jene, die diese Qualitäten sehen, den Mahayanaweg praktizieren und nach Buddhaschaft streben. Sie sind auch für jene, die den Buddha, basierend auf Hingabe, als höchsten unter den unendlichen Wesen betrachten. Zum Nutzen solcher Leute wird die erste Zuflucht, der Buddha, erklärt.

Der Zweck der Belehrungen über die Qualitäten des exzellenten Dharma ist, daß jene, die dessen Qualitäten sehen, das Fahrzeug der Pratyekabuddhas praktizieren und wünschen, selbst den tiefgründigen Dharma des Abhängigen Entstehens zu realisieren sowie die Frucht zu erlangen.

Sie sind auch für jene, die ihre Hingabe auf den Dharma gründen, indem sie ihn als höchste von allen verschiedenen Belehrungen betrachten, die einen von Anhaftung befreien. Für solche Leute wird die zweite Zuflucht, der Dharma, erklärt.

Der Zweck der Belehrungen über die Qualitäten der Sangha der Schülerschaft ist, daß jene, die ihre Qualitäten sehen, das Fahrzeug der Sravakas praktizieren, indem sie Belehrungen folgen, die sie von anderen gehört haben, und wünschen, die Frucht zu erlangen.

Sie werden auch für jene gelehrt, die ihre Hingabe auf die Sangha gründen, die sie als die höchste unter allen Gemeinschaften betrachten. Für solche Leute wird die dritte Zuflucht, die Sangha erklärt.

Kurz, diese Darstellung der dreifachen Zuflucht wurde unter Bezugnahme auf die sechs Ebenen von Individuen und aus drei Gründen gelehrt, um die Wesen Stufe für Stufe auf den Weg zu bringen. (Die sechs Ebenen von Individuen sind: Bodhisattvas, Pratyekabuddhas und Sravakas sowie die Wesen mit den drei Arten von Vertrauen).

(Obiger Text übersetzt aus dem „Nalandakirti Journal", Rumtek auf Wunsch des Herausgebers Ehrw. Dz. Pönlop Rinpoche)

Die Erklärung der drei Begriffe Buddha, Dharma und Sangha von der absoluten Sichtweise her bilden den Kern der ersten drei Kapitel des Textes „Gyü Lama" von Maitreya und Asanga. Darüberhinaus wurden viele andere Begriffe (beispielsweise die Buddhanatur sowie die 32 Qualitäten des Dharmakaya) diesem Text entnommen. Zusammen mit dem „Juwelenschmuck der Befreiung" von Gampopa und den beiden tantrischen Texten „Die tiefe, innere Bedeutung" (tib.: sab mo nag dön) und dem „Hevajratantra" ist dies einer der vier Haupttexte der Kagyü-Tradition des tibetischen Buddhismus.

Sofern diese Texte bereits in westliche Sprachen übersetzt sind, empfiehlt es sich, auch den Zusammenhang, aus dem diese grundlegenden Begriffe entnommen wurden, in diesen Originaltexten zu studieren.

QUELLENVERZEICHNIS

Der Schatz des Wissens (tib.: she dja kün khyab dzö) von Jamgön Kongtrul Lodrö Thaye, Gangtok 1983.

Kompendium des Wissens (skr.: Abhidharmasamuccaya, tib.: ngön pa kün tü) von Asanga.

Schatzhaus des Wissens (skr.: Abhidharmakoshakarika, tib.: tschö ngön pä dzö kyi tsig leur djä pa) von Vasubandhu.

Eintritt in den Weg der Bodhisattvas (skr.: Bodhicaryavatara, tib.: djang tschub sempä tschö pa la djug pa) von Shantideva; englische Übersetzung von Stephen Batchelor „Guide to the Bodhisattva's Way of Life", Dharamsala 1979

Juwelenschmuck der Befreiung (tib.: dhagpo thar gyen) von Gampopa; englische Übersetzung von Herbert v. Guenther, „Jewel Ornament of Liberation", London 1959

Mahayanauttaratantrashastra (tib.: thegpa tschen pö gyü lamä ten tschö, kurz: Gyü Lama) von Maitreya / Asanga; engl. Übersetzung von Katia Holmes: „The Changeless Nature", Scotland 1979.

Namshe Yeshe Djepä Ten Tschö Shug So (kurz: Namshe Yeshe) vom 3. Karmapa Rangjung Dorje mit Kommentar von Jamgön Kongtrul Lodrö Thaye; deutsche Übersetzung von Alex und Tina Draszczyk, Wien 1988: „Die Unterscheidung zwischen Bewußtsein und Weisheit".

de shin scheg pä nying po tenpa sche dja wä ten tschö, kurz: nying po tenpa („Das Zeigen der Essenz") vom 3. Karmapa Rangjung Dorje mit Kommentar von Jamgön Kongtrul Lodrö Thaye.

bö gya tsig dzö tschen mo: Tibetisches Wörterbuch der Dharmabegriffe nach dem „Schatz des Wissens", herausgegeben 1984.

Tibetan-English Dictionary of Buddhist Terminology von Tsepak Rigdzin, Dharamsala 1986.

Die drei Yanas von Künzig Shamar Rinpoche, Joy Verlag, Sulzberg 1989.

A Manual of Key Buddhist Terms von Thubten K. Rikey & Andrew Ruskin, Dharamsala 1992.

Wie die Dinge sind von Lama Ole Nydahl, Joy Verlag, Sulzberg 1994

Sutra und Tantra – Die Wege des Buddhismus – von Tenga Rinpoche,Marpa Verlag, Wien 1989.

LITERATURHINWEISE
(EINE AUSWAHL)

Jamgön Kongtrul: Der große Pfad des Erwachens Ein Kommentar zur Mahayana-Lehre des Geistestrainings, Theseus-Verlag, Berlin

Kalu Rinpoche: Den Pfad des Buddhas gehen, O.W.Barth-Verlag, München 1990

Khenpo Tsültrim Gyamtso Rinpoche: Progressive Stages of Meditation on Emptiness, Longchen Foundation

Lexikon des Buddhismus, O.W.Barth- Verlag, München '92

Nydahl, Ole: Die Buddhas vom Dach der Welt, Marpa Verlag, Wien 1989

Nydahl, Ole: Über alle Grenzen, Joy Verlag, Sulzberg 1994

Nydahl, Ole: Wie die Dinge sind Eine zeitgemäße Einführung in die Lehre Buddhas, Joy Verlag, Sulzberg 1994

Thich Nhat Hanh: Alter Pfad weiße Wolken Über das Leben des Buddha, Theseus Verlag, Berlin 1992

Wangchuk Dorje (9. Karmapa): Mahamudra – Ozean des Wissens, 3 Bände, Theseus Verlag, Berlin

117

STICHWORTVERZEICHNIS